T0270220

BOCATAS

ARTE ENTRE DOS PANES

Toni Garcia Ramon (Mataró, 1971) es periodista y escritor. Colabora habitualmente en *El País*, *Vogue*, *Vanity Fair*, *Esquire*, RAC1 y Catalunya Ràdio. Durante años se ha dedicado a fingir que sabía algo del séptimo arte para cubrir festivales de cine por todo el mundo, farsa que plasmó en el libro *Mata a tus ídolos*. Ha escrito sobre lujo, moda, viajes, música y series, aunque últimamente le ha dado por la comida, para tener una excusa creíble y poder comer de gorra en todas partes. Si te lo encuentras, se deja invitar a gin-tonics.

Óscar Broc (Barcelona, 1975) escribe en todo tipo de publicaciones culturales y deja sus observaciones en programas de radio y televisión. Empezó su carrera como periodista musical y extendió sus tentáculos a otras disciplinas, como la gastronomía. Se pasa tres cuartos de su vida trabajando en los incontables medios en los que colabora (La Sexta, iCat, RAC1) y aún le queda tiempo para visitar todos los restaurantes que puede. Actualmente escribe sobre comida y bebida en *El Periódico* y *El Comidista*, y participa en la sección gastronómica La Teca en el programa *La tarda de Catalunya Ràdio*. Su mejor amigo se llama dry Martini.

TONI GARCIA RAMON - ÓSCAR BROC BOLUDA

BOCATAS
ARTE ENTRE DOS PANES

FOTOGRAFÍAS DE XAVIER TORRES-BACCHETTA

Penguin
Random House
Grupo Editorial

Primera edición: mayo de 2022

© 2022, Toni Garcia Ramon y Óscar Broc Boluda
© 2022, Xavier Torres-Bacchetta, por las fotografías
© 2022, Penguin Random House Grupo Editorial, S. A. U.
Travessera de Gràcia, 47-49. 08021 Barcelona

Diseño del interior y de la cubierta: Penguin Random House Grupo Editorial
Fotografía de la cubierta: Xavier Torres-Bacchetta

Penguin Random House Grupo Editorial apoya la protección del *copyright*.
El *copyright* estimula la creatividad, defiende la diversidad en el ámbito de las ideas y el conocimiento,
promueve la libre expresión y favorece una cultura viva. Gracias por comprar una edición autorizada
de este libro y por respetar las leyes del *copyright* al no reproducir, escanear ni distribuir ninguna
parte de esta obra por ningún medio sin permiso. Al hacerlo está respaldando a los autores
y permitiendo que PRHGE continúe publicando libros para todos los lectores.
Diríjase a CEDRO (Centro Español de Derechos Reprográficos, http://www.cedro.org)
si necesita fotocopiar o escanear algún fragmento de esta obra.

Printed in Spain – Impreso en España

ISBN: 978-84-18967-11-5
Depósito legal: B-5.384-2022

Compuesto en M. I. Maquetación, S. L.
Impreso en Gómez Aparicio, S. A.
Madrid

C 9 6 7 1 1 5

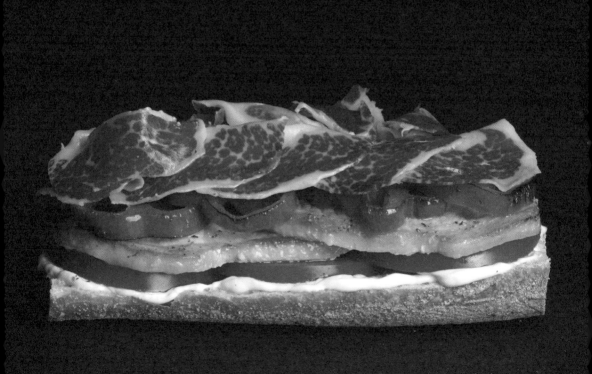

ÍNDICE

EL INFINITO ENTRE PANES

Dicen que los diseños más atemporales son los más simples.
Le atribuyen a Einstein aquello de «Se debe hacer todo tan sencillo
como sea posible, pero no más sencillo». La pinza de tender la ropa
siempre se utiliza para ilustrar esta máxima. Pues bien, el bocadillo
es a la gastronomía lo que la pinza al diseño. No existe otro
formato comestible que conjugue tantas cualidades positivas:
es un invento barato, elegante, transversal, funcional
y extraordinariamente práctico.

Además, el bocadillo es democrático a más no poder. Cualquiera
puede hacerse uno. Da igual que no hayas frito un huevo en toda
tu miserable existencia, el bocata siempre estará ahí, dispuesto
a ayudarte a cambio de muy poco, básicamente dos mendrugos
de pan, un poco de embutido y un chorrito de aceite de oliva.
El *do it yourself* al cubo.

Todos los escritos coinciden en señalar al británico John Montagu,
conde de Sándwich, como impulsor del formato allá por el
siglo XVIII. Rastrear el origen del bocadillo, no obstante, carece
de sentido. ¿Alguien sabe realmente quién fue la primera persona
que decidió comerse una vianda entre panes? Lo que sí sabemos
a ciencia cierta es que España es un país de bocadillo, no de

pandereta. El bocadillo está adherido a su ADN. Ha aliviado muchos vientres en pena en épocas de hambruna y ha sido testigo privilegiado de nuestra historia reciente. Es el icono de una nación por cuyas calles ya circulaban bocatas como trolebuses mucho antes de que algún hípster pusiera de moda el concepto *street food*.

La riqueza culinaria de este país hace que el bocadillo sea un terreno fértil y variado, y lo conecta íntimamente con los productos más típicos de cada región. Dime qué bocadillo comes y te diré de dónde eres. Es una artimaña culinaria tan popular en España que podemos seguir su rastro por nuestra literatura (de Cela a Umbral, y de ahí a Pla pasando por Montalbán), del mismo modo que podemos disfrutar de la mucha literatura que los bocadillos más famosos y tradicionales generan: las leyendas que hay detrás de algunos de sus orígenes también forman parte de su encanto.

En términos de utilidad pura y dura, el bocadillo es un recurso maravillosamente práctico para transportar y comer platos con enjundia, sin necesidad de usar y ensuciar recipientes o cubiertos. ¿No tienes un plato para esas albóndigas con tomate? ¿No tienes tenedor, alma de cántaro? Con un simple panecillo cortado por la mitad el drama se habrá solucionado y podrás disfrutar de esas deliciosas albóndigas donde y cuando te dé la gana.

Fiel compañero de viaje, el bocadillo te acompaña en todas las etapas de tu vida. Cuando eres un mocoso, es el combustible de meriendas y excursiones. Cuando eres adolescente, es el refugio al que acudes antes de meterte en la cama después de una noche de fiesta. Cuando eres adulto, es el mejor desayuno imaginable, tus quince minutos de paz en tu bar favorito. Casi todos tenemos algún bocadillo que nos conduce a la nostalgia: el frankfurt que te comías con tu padre en el Camp Nou, el chivito que tu abuela te pedía a la hora del *esmorzaret* en el bar La Pepi de Quartell, y así *ad infinitum*. De modo que no estamos hablando de un simple recurso culinario de subsistencia; el bocadillo es un objeto de poder, un arma cargada, y como tal vamos a tratarlo en este libro.

Para ello, hemos contado con la ayuda del empresario Tomás Abellán y el cocinero Mariano Segura, que ha seleccionado la mejor materia prima y ha ejecutado con brillantez todos los bocadillos que le propusimos. Hemos destacado los que consideramos más icónicos de España y hemos añadido alguna receta de autor. Tomás Abellán, su padre, el chef y también empresario Carles Abellán, y el propio Mariano han aportado una propuesta de creación propia. Algunos bocadillos siguen a pies juntillas las recetas originales, pero no nos hemos dejado influenciar por la vena más purista, ya que en varios ejemplares hemos dejado que Mariano aportase algo de su cosecha, siendo siempre respetuosos con la esencia y los ingredientes principales de la receta original. Seguro que nos hemos dejado alguno: pedimos perdón a los afectados y prometemos redimirnos.

A menudo denostado por la alta cocina, el bocadillo se está reivindicando con más fuerza que nunca. Ya no es patrimonio exclusivo de bares y cafeterías. Parece que está recuperado el respeto que se le había perdido y ya podemos verlo en formato gourmet en infinidad de bocadillerías de nuevo cuño o en las cartas de algunos de los mejores restaurantes del momento. Porque, en definitiva, entre dos panes solo hay un universo infinito de posibilidades. Esa es su magia, el triunfo de una idea genial que nos sobrevivirá a todos e incluso maravillará a las civilizaciones alienígenas que dentro de varios milenios visiten las ruinas de nuestro mundo y encuentren restos de un bocata de calamares. «Pues no eran tan tontos, los malditos humanos».

Toni Garcia Ramon & Óscar Broc

BOCATAS
CARNÍVOROS
ARTE ENTRE
DOS PANES

LACÓN

Proteína gallega por la vena. El orgullo de Galicia. Un monumento al sabor y la jugosidad… El lacón tiene pocos rivales. Este corte curado y extraído de la pata delantera del cerdo, el brazuelo, tiene largas y profundas raíces en la gastronomía popular gallega y española: las primeras referencias al lacón se remontan al siglo XVII. Vaya, que su elaboración viene de lejos.

Presente en incontables libros de cocina gallega, este producto se consume durante todo el año, aunque triunfa en celebraciones populares y fechas navideñas. Las lonchas de lacón son como las Pringles: no podrás comer solo una.

Por eso, tan solo a un enajenado no le gustaría introducirlo en un bocadillo, pues tiene las condiciones perfectas para ser disfrutado con un mendrugo de pan, aceite y pimentón. Sabor, color y textura bailan en perfecta sincronía si los ingredientes son de calidad y la combinación de elementos se ejecuta correctamente. Se le puede añadir mostaza de Dijon y queso de tetilla, pero la versión más básica es la más seductora y fácil de preparar.

Un pan de barra rústico servirá. Queremos un pan con carácter, crujiente, con una miga que absorba el aceite que echaremos sobre el lacón. Si este es de calidad y lo aliñas con un buen aceite de oliva virgen extra y un buen pimentón de La Vera, al primer mordisco se te ponen los ojos en blanco como a la niña de *El exorcista*, y al segundo mordisco acabas orgasmando en la mesa, como Meg Ryan en *Cuando Harry encontró a Sally*. Por cierto, nada de cortes finitos o virutas; si hablamos de lacón, hablamos de porciones de un grosor agradecido, que aquí hemos venido a jugar.

RECETA

½ barra de pan rústico
50 g de lacón
1 tomate de untar
Aceite de oliva virgen extra
Sal
Pimentón de La Vera

Untar el pan con tomate y añadir sal y aceite. El bocadillo también se puede comer con el pan virgen o con un chorrito de aceite. Repartir los cortes de lacón —grosor medio, no queremos papel de fumar— a lo largo de la base del bocadillo. Aliñar el lacón con aceite y espolvorear el pimentón por encima para terminar.

LLONGUET DE SOBRASADA
CON QUESO DE MAHÓN Y MIEL

La sobrasada es un invento de los dioses, un paraíso gastronómico, dentro de otro paraíso: el paraíso balear. Hay quien la prefiere tierna a curada y quien la prefiere curada a tierna, pero no cabe ninguna duda de que es uno de esos alimentos que levantan una sospechosa unanimidad. Dicho de otro modo: la sobrasada le gusta a todo el mundo.

Obviamente, en nuestra misión de tratar de incluir en este recetario entre panes lo más granado de la cosecha nacional de bocatas, la sobrasada no podía faltar. Es un elemento imprescindible si uno se pasa por las islas, pero también si se la traen de allí o si la quiere comprar en cualquier sitio. Eso sí: no aceptes imitaciones de ningún tipo.

La sobrasada pega con cualquier cosa, pero aquí hablamos de bocadillos, así que venimos con uno maravilloso: el *llonguet* de pan con queso de Mahón y miel.

Dejaremos a gusto del lector el queso que acompañará a la sobrasada. Nosotros recomendamos el de Binigarba: un queso artesano al cien por cien que deberíamos cortar con una buena navaja, por hacerlo todo al estilo casero.

Importante: los hay que prefieren no añadirle miel al conjunto; otros creen que el bocata pierde sentido sin su presencia. Como siempre, el lector decide. A nosotros nos gusta porque le da otro matiz.

Por supuesto, el *llonguet* (uno de esos panes que deben haber sido horneados poco antes de servir como base al bocata) es imprescindible. Se puede hacer con otro pan, pero entonces ya no sería el mismo bocadillo. Y otra cosa: hay que darle un golpe de calor antes de servirlo, para que sobrasada y queso se conviertan en un solo elemento.

RECETA

1 *llonguet* fresco
Una buena sobrasada tierna
Unas cuantas lonchas de queso
    D. O. Mahón
Miel

Abrir el *llonguet,* untar con una generosa dosis de sobrasada y añadir varios pedazos de queso (también se puede rallar) y miel al gusto. Sin pasarse. Se plancha. Servir caliente y crujiente.

FRANKFURT
O PERRITO CALIENTE

La tradición del frankfurt en Cataluña es equiparable a la del pollo a l'ast, los *panellets* y los discos de Joan Capri. Aunque está de capa caída, fue el *fast food* catalán por excelencia durante los años setenta, ochenta y parte de los noventa, una época en la que en Barcelona había un frankfurt en cada esquina. No obstante, la pujanza de la comida basura americana y el anquilosamiento de la mayoría de los restaurantes especializados en salchichas alemanas —con decoraciones bávaras revestidas de grasa, vidrieras antiguas y salidas de humo cuestionables— han hecho que esta tradición que pasaba de padres a hijos se haya diluido con la llegada del siglo XXI.

Pero que nadie hable del ocaso de este bocadillo, pues todavía se comen muchos frankfurts en Cataluña, especialmente en el área urbana de Barcelona, donde se pueden encontrar establecimientos históricos como el Frankfurt Pedralbes —al que muchos van religiosamente antes de asistir a un partido del FC Barcelona— y los archiconocidos restaurantes de Casa Vallès, una empresa familiar que asegura haber traído por primera vez este concepto de bocadillo a tierras catalanas, concretamente a Terrassa, en 1965.

El frankfurt es un bocadillo empapado de nostalgia y sensiblería. Es más que una simple salchicha embutida en un panecillo de Viena.

La suma de los aromas de la salchicha, el pan tostado y la mostaza activan la memoria de los más veteranos, que reviven las visitas que hacían con sus progenitores a estos establecimientos años ha, cuando ir a un frankfurt en Barcelona era todo un acontecimiento.

Los catalanes lo llaman así, pero en realidad la nomenclatura no implica que el bocadillo deba llevar siempre una salchicha de Frankfurt. De hecho, otras salchichas alemanas como el bratwurst, la cervela o la tirolesa pueden introducirse en el panecillo o bollo —nunca pan de barra, aunque algunos bares siniestros lo utilicen— e incluso hay sitio para variedades patrias, como la malagueña, una salchicha de morcilla de cebolla sazonada que nada tiene que envidiar a las siempre fiables escuderías alemanas. Lo importante, como siempre, es que la pieza sea de la máxima calidad.

También en Madrid se vive una arraigada y variada tradición salchichera, aunque más afín a los postulados estadounidenses. Se trata de los perritos calientes, y en la capital es donde más se ha puesto a prueba el formato, pues abundan los restaurantes de perritos que llevan este bocadillo popular a niveles creativos de gran atrevimiento.

RECETA

1 panecillo de Viena o 1 bollo para *hot dog*
1 salchicha de Frankfurt (se aceptan otras, como la
**   cervela, la tirolesa o el bratwurst)**
Mostaza

Preparar la salchicha en la plancha. Pasar el bollo por la plancha para que adquiera una textura crujiente. Cortar el panecillo por un lado, para que el pan pueda contener la salchicha y la salsa. Introducir la salchicha y añadir la salsa a discreción.

BUTIFARRA

La inmortalidad de la butifarra está garantizada en tierras catalanas. Sobrevivirá a Pep Guardiola, Marta Ferrusola y otras leyendas de Cataluña. Nada podrá destruirla. En un futuro muy muy lejano, cuando el tataranieto de Dani Alves juegue en el Barça, los bocadillos de butifarra seguirán comiéndose en cantidades industriales. El futuro no podrá enterrarlos, como ha hecho con tantos clásicos de la comida popular, pues el bocadillo de butifarra no es un bocadillo, es un estado de ánimo, un símbolo identitario de enorme poder. La salchicha de Cataluña.

Pero no podemos obviar las excelentes butifarras que se comen en Aragón, piezas de alta casquería rellenas con trozos de cara y cabeza de cerdo. Y sería una impertinencia no loar las butifarras valencianas y su entrañable *blanquet*. Con un poco de pan, aceite y tomate, el milagro está garantizado.

La butifarra es una mezcla pecaminosa de carnes porcinas bien picadas, sazonadas y embutidas en un intestino atado por ambos extremos. Una pieza contundente cuyo aporte calórico es inversamente proporcional a su complejidad. La butifarra, además, se deja tunear. A pesar de su uniformidad visual, acepta todo tipo de experimentos en sus adentros y se adapta a muchos paladares.

Y encima la podemos comer de mil formas: a la brasa, frita, en una tortilla y, por supuesto, en su perfil más puro: entre panes.

Para disfrutarla en formato bocadillo, buscaremos una butifarra fresca de la mejor calidad y la someteremos al fuego. Nada en contra de las butifarras cocidas: son también bienvenidas al universo bocadillo, pues son más fáciles de preparar, aunque quizá menos emocionantes que las calientes.

Así pues, lo recomendable es pagar un poco más y hacerse con una butifarra de verdad, fresca, comprada en una charcutería de confianza. Si es de la variedad ral d'Avinyó o duroc el bingo estará asegurado. Hay que culminar la jugada con un pan crujiente, rústico, que exude personalidad. Y lo último, pero no por ello menos importante: hay que atrancar la puerta con varios pestillos para que nadie interrumpa tu tórrido *affaire* con tan lujurioso artefacto.

RECETA

½ barra de pan rústico
1 butifarra fresca
1 tomate de untar
Aceite de oliva virgen extra
Sal

Untar el pan con tomate. Añadir sal y aceite. Cocinar la butifarra en la plancha o la sartén hasta que adquiera un tono dorado, apetitoso, evitando que se rompa la membrana. Cuando esté bien hecha, introducirla entre panes y dejar que descanse unos segundos para que la miga se empape de aceite y jugos.

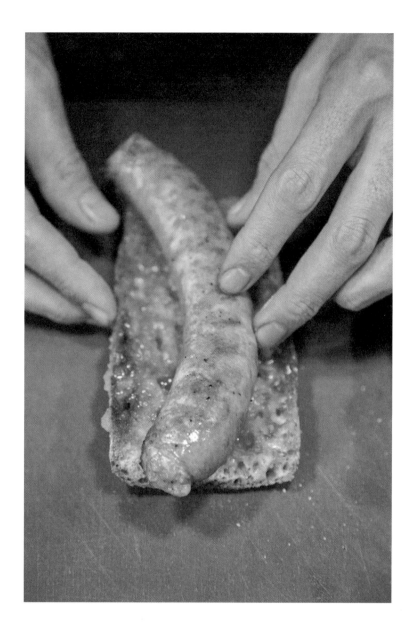

PEPITO DE TERNERA

Pepito de ternera, pepito de ternera… Tres palabras que resuenan en la sesera como un eco reconfortante. No muchos bocadillos activan la nostalgia con tanta facilidad. En el pepito se conjugan historias y recuerdos a mansalva. Es un icono gastronómico de Madrid, como el bocadillo de calamares, y solo un chalado se atrevería a discutirle a un capitalino su origen.

Cuenta la leyenda que este bocadillo nació en el extinto y madrileño café de Fornos, una trinchera histórica que dio cobijo, mesa, copa y mantel a la burguesía canallesca y bohemia de la capital de finales del siglo XIX y principios del XX. El pepito de ternera surgió de este garito y el pueblo le adjudicó tan castizo nombre en honor al hijo del fundador del café, Pepe, que harto de tanto fiambre se aficionó cosa mala a juntar pan y ternera.

Al igual que ha ocurrido con otros hitos de la gastronomía popular madrileña, como las bravas, el pepito ha cruzado fronteras y se ha extendido hasta colonizar las cartas de casi todos los bares y restaurantes de España. Para prepararlo, busca una buena pieza sin nervio, como un centro de lomo de vaca sin grasa, bien limpio, de textura mantecosa, perfecto para masticar sin sobresaltos.

El pepito se ha tuneado hasta la saciedad y se le han sumado elementos ganadores como los pimientos verdes o la cebolla pochada, una apuesta que haremos nosotros en nuestra preparación. Requisitos: pan de chapata de calidad; unos filetes de ternera impolutos, sin mácula, tiernos como la mantequilla, y el dulzor de la cebolla y la pisada del pimiento… Menos es más. Muchísimo más.

RECETA

Pan de chapata
3 o 4 filetes de ternera de tamaño pequeño
1 pimiento verde
1 cebolla
Mayonesa
Aceite de oliva virgen extra
Sal
Pimienta negra

Salpimentar los filetes al gusto y cocinarlos en una sartén con aceite, hasta que las piezas queden jugosas y melosas. Retirar la carne y seguidamente pochar la cebolla y el pimiento en el mismo aceite. Untar con mayonesa la base de la chapata. Colocar la cebolla y el pimiento bien pochados sobre la mayonesa. Coronar con los filetes de ternera.

PEPITO VALENCIANO

Conocido también como «ximo», el pepito valenciano se ha gestado en una galaxia a años luz del pepito de ternera de toda la vida. Ambos Pepes comparten nombre castizo y ya está, pues la comparación no tiene sentido: mientras que el de ternera es de una simpleza enternecedora, el valenciano es tan complejo como montar un Lego del Halcón milenario. Eso sí, al final del camino hay premio gordo si se han seguido bien todos los pasos.

El elemento estrella del pepito valenciano es la titaina, un sofrito típico de la región al que se le añade ventresca de atún en salazón (conocida en la *terreta* como «tonyina de sorra»), pimiento rojo, pimiento verde, aceite de oliva virgen extra, ajo y piñones. En resumen: un pisto marinero con sello rabiosamente valenciano que se puede comer todo el año, aunque la ausencia de carne lo convierte en uno de los bocados favoritos de la Cuaresma.

En cada casa tienen su propio combo para la titaina, de modo que no hace falta sacar la toga del purismo y dar martillazos en la mesa. Para un valenciano la *tonyina de sorra* es innegociable, si no lleva no es titaina, pero si vamos justos de dinero, el bocadillo también puede prepararse con una simple base de pisto, sin añadir pescado, o usando atún en aceite.

El ensamblaje del pepito no es menos prodigioso que su sustancia. Consiste en vaciar un panecillo de miga y rellenarlo con la titaina. El siguiente paso es pasar el panecillo, previamente sellado, por leche y huevo, y freírlo luego con ansia viva. ¿Es un bocadillo? ¿Una torrija? ¿Un croquetón? El pepito valenciano trasciende etiquetas: es un billete de ida a la esencia de trincheras marineras valencianas como el Cabanyal o Natzaret.

RECETA

1 panecillo o bollo pequeño o mediano
300 g de tomate maduro o un bote de tomate en conserva
1 diente de ajo
1 pimiento rojo
1 pimiento verde
20 g de piñones
50 g de ventresca de atún desalada o una lata grande
    de atún en conserva
Aceite de oliva virgen extra
Sal
Azúcar

Si se compra ventresca de atún en salazón,
ponerla en remojo para desalarla unas 10 horas
antes de la preparación. Verter aceite en la sartén
y tostar ligeramente los piñones, que no se quemen.
Reservar los piñones.

Seguidamente, cocinar los pimientos y el ajo, previamente cortados, en la misma sartén. Hay que pochar el material, de modo que fuego medio-bajo y paciencia. Agregar el tomate triturado y cocinarlo con tiento hasta que elimine el líquido. Sal y azúcar al gusto. Añadir el atún, dejar que pasen unos minutos a fuego medio-bajo y devolver los piñones al sofrito. Asegurarse de que la mezcla repose para que los sabores se asienten. La titaina ya está hecha.

Vaciar el panecillo por un extremo, rellenarlo con la titaina y volver a sellarlo con la miga. Pasar el panecillo por huevo y leche, y freírlo en la sartén a unos 170-190 °C. Secar la pieza en papel absorbente.

CHIVITO

Conexión Valencia-Uruguay. Cuesta encontrar en la *terreta* un bar o una casa de comidas que no lo incluya en su carta. Si el *esmorzaret* fuera una marquesina de cine, el chivito sería el nombre en letras más grandes y llamativas. Es una estrella, una diva, un bocadillo a prueba de modas y gilipolleces. Toda Valencia lo ama, y eso que en otras regiones de España es casi un desconocido.

Pero antes de apelar al orgullo che, hay que aclarar que existe otro chivito de origen uruguayo. No se sabe si en Valencia se inspiraron en él o directamente le llamaron chivito por alguna razón más mundana (a lo mejor lo inventó algún Ximet y de ahí «chivito», quién sabe), pero la versión original sudamericana poco o nada tiene que ver con la española. Nuestro chivito es una bomba perfectamente ensamblada, un arma de fruición masiva que tiene al cerdo como *vedette* principal. En sus adentros encontramos lomo de cerdo, bacon, huevo frito y una base de tomate, lechuga y mayonesa. Se puede añadir queso fundido, a riesgo de explotar como una bomba de neutrones.

El chivito es un bocadillo potente, con muchas capas, grueso como el pescuezo de Mike Tyson; por lo tanto, necesitaremos un buen pan de baguette o un pan rústico con músculo, que aguante el chaparrón.

La versión valenciana ha perdurado en el tiempo y ha alimentado a distintas generaciones sin apenas variar su calórica composición. Es un invento perfecto. La base de lechuga y tomate ayuda a amainar la tormenta porcina, aporta frescor y una falsa sensación de estar comiendo algo sano, que siempre ayuda en caso de posteriores remordimientos de conciencia. Más que un bocadillo es un exceso. Valencia en estado puro.

RECETA

Media barra de pan o panecillo largo
3 o 4 lonchas de lomo
2 o 3 lonchas de bacon
3 o 4 rodajas de tomate maduro
2 o 3 lonchas de queso (opcional)
1 o 2 huevos
2 o 3 hojas de lechuga romana
Mayonesa
Aceite de oliva virgen extra
Sal

En una sartén o plancha con aceite de oliva virgen, freímos el lomo, el bacon y después el huevo. Si disponemos de brasa, podemos cocinar el lomo en ella. Untar con mayonesa ambas rebanadas de pan y añadir las rodajas de tomate y la lechuga en la base. Disponer las lonchas de lomo (solo o con el queso sobre él) encima, y luego el bacon. Coronarlo todo con el huevo frito y cerrar el bocadillo (si se puede).

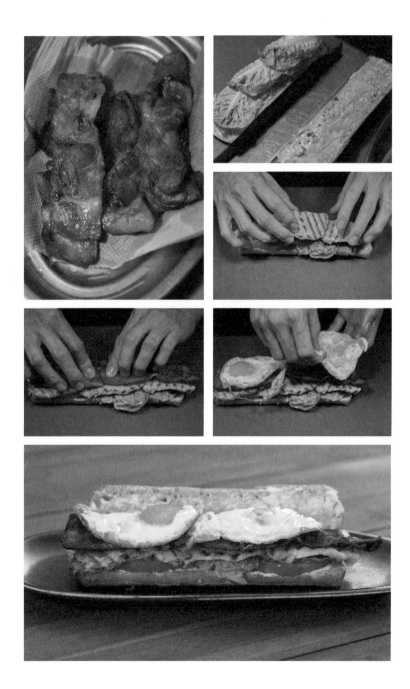

BRASCADA

Resulta inconcebible e intolerable que la tradición valenciana del *esmorzaret* no sea Patrimonio Cultural de la Humanidad, pero no estamos aquí para hacer reivindicaciones, sino para hacer bocadillos, y de esto en Valencia saben más que en cualquier otro sitio. El *esmorzaret* es una bocanada de vida, una costumbre que conduce a los valencianos a ingerir bocadillos, encurtidos, cacahuetes y un trifásico (el *cremaet*) a media mañana, sin prisas, gozándolo, encarando el día como debería hacerlo toda persona civilizada.

La cultura del *esmorzaret* se construye sobre los firmes cimientos de unos bocatas que parecen misiles antiaéreos y que con el tiempo se han convertido en iconos populares. El de brascada es uno de los que más michelines y sonrisas ha dejado a su paso. Pan de barra, filete de ternera, cebolla pochada y jamón serrano. Vaya cartelazo. La melosidad y los jugos de la ternera, el agradable dulzor de la cebolla, el *punch* grasiento y salado del jamón... Mmm, esto no es un bocadillo, es una película porno.

Una peli que se disfruta más cuando la materia prima está a la altura de las circunstancias. Necesitamos una ternera fiable, tierna, de calidad. Y un jamón serrano noble, que se comporte como se espera de él en la sartén y suelte esa grasilla mágica que lubricará las capas superiores del artefacto. Es un bocadillo-comida, un plato combinado entre panes que sabe a gloria en pícnics, jornadas interminables en la playa y mañanas de resaca cósmica. Algunos pilotos suicidas se atreven a cubrirlo todo con una sábana de queso fundido. En Valencia no hay ciclista que no se dope con este bocadillo inmortal. De categoría.

RECETA

Media barra de pan con semillas
4 o 5 lonchas de jamón serrano
1 filete de ternera
1 cebolla
Aceite de oliva virgen extra
Sal

Pochar la cebolla en la sartén con aceite. Que se haga poco a poco. Retirar la cebolla y en la misma sartén cocinar el filete. Debe quedar jugoso, tirando a poco hecho. Retirar el filete y pasar el jamón por la misma sartén, vuelta y vuelta, que suelte la grasa y quede crocante. Echarle un chorrito de aceite al pan. Montar el bocadillo por este orden: ternera en la base, manto de cebolla por encima y jamón para culminar.

CARNE
DE POTRO

El consumo de carne de caballo en España es residual. O sea, que muy poca gente consume este tipo de alimento. Se calcula que entre el 0,1 y el 0,2 por ciento. Casi nada si lo comparamos con la cantidad de carne de ternera o cerdo que nos llevamos al buche cada dos por tres.

Sin embargo, hace cincuenta años el dibujo era distinto y la realidad, otra cosa: los bocatas de carne de caballo eran algo común en muchos ámbitos y una buena cantidad de bares de barrio lo servían. Es lógico: es una carne barata, de fácil acceso y con una altísima carga energética. En muchos gimnasios en los que se trataba con deportistas de recursos limitados, pero que perseguían un rendimiento razonable, esta carne era un *must* en la dieta.

Si hablamos de las repúblicas exsoviéticas, el cuento es otro: hoy sigue produciéndose un consumo masivo de estas carnes, herencia directa de los tiempos en los que uno trataba de conseguir sus proteínas del modo más rápido y barato posible. Naturalmente, el consumo ha oscilado también a la baja, pero el equino sigue siendo un alimento presente en muchísimas casas.

Ya no solo de caballo, sino específicamente de potro, se hacían miles de bocadillos. Se solía cocinar con ajos tiernos y se colocaba en un buen pan de pueblo. Era un manjar clásico de la clase obrera y, sobre todo, en la Comunidad Valenciana, uno de esos clásicos de toda la vida.

En el imperio de las fallas, el bocadillo de carne de potro sigue siendo un poderoso aliado para esos desayunos en los que necesitas un extra, y por ese motivo no podíamos dejar de incluirlo en nuestra lista de imprescindibles patrios. Eso sí, el pan tiene que ser realmente bueno y los ajos tiernos no son negociables. Opcionalmente, podemos añadirle tomate.

Ojo, hay quien lo cocina con bacon, con huevos y hasta con patatas fritas, pero hoy lo vamos a hacer con ajitos.

RECETA

1 currusco de pan de pueblo
Una buena cantidad de carne de potro, cortada fina,
    bien magra
1 manojo de ajos tiernos
Aceite de oliva virgen extra
Sal

Cocinar los ajos tiernos en una paella con un chorro de aceite de oliva. Añadir la carne de potro, cocinar al gusto. Cuando esté lista, abrir el currusco por la mitad, colocar una buena ración de carne y cubrirla con los ajitos.

MALLORQUÍN
O BIKINI DE SOBRASADA CON QUESO

Pocas combinaciones resultan más sensuales y agradecidas que el triple combo calor-sobrasada-queso. Si introduces dos rebanadas de pan de molde tostado en tan calórica ecuación, tendrás en las manos uno de los sándwiches más apetitosos que existen. Cuando sube la temperatura, la sobrasada se deja querer por el untuoso abrazo del queso fundido. El crujiente del pan y la mantequilla ponen el broche final a una receta que es una fiesta para glotones o un recurso muy válido para gourmets con prisa.

Después del mixto clásico, este bocadillo incluye la combinación de ingredientes más celebrada en el árbol genealógico de los bikinis. En Cataluña tiene un enorme éxito y en muchos lugares lo llaman «mallorquín» por la presencia de la sobrasada, aunque en las Baleares prefieran comerse los bocadillos de sobrasada en *llonguets* ligeramente tostados, y le saquen brillo al embutido con un buen chorro de miel.

El bikini de sobrasada no busca el contraste dulce-salado, tampoco exige que la sobrasada venga de Mallorca o el queso se haya elaborado en las profundidades de Menorca. Este sándwich de badulaque va a lo fácil, es un «aquí te pillo, aquí temazo», es barato y se revela como una magnífica herramienta de supervivencia cuando necesitas salir de un apuro.

Puedes encontrar los tres ingredientes principales en cualquier supermercado y sacarte de la chistera un bocado mágico con la ayuda de la sandwichera o la tostadora de tu compañero de piso. Importante: comprar un queso de fundido fácil y conseguir que la sobrasada y el queso se fundan en un abrazo eterno.

RECETA

2 rebanadas de pan de molde
50 g de sobrasada
Queso en lonchas, preferiblemente emmental,
    gouda, gruyer o havarti
Mantequilla

Pasar las lonchas de sobrasada por la sartén, vuelta y vuelta. Repartir la sobrasada caliente en la base del bikini y poner el queso encima. Montar el sándwich. Untar con mantequilla las caras exteriores del pan para buscar el crujiente extra. Tostar el bocadillo montado en la plancha o la sandwichera. El queso debe fundirse, no licuarse. Cortar el bocadillo en triángulos.

ALBÓNDIGAS CON SALSA DE TOMATE

Combustible no contaminante para las fiestas mayores. Una inyección de calorías y sabor que despertaría al cadáver de Jim Morrison. Un torpedo que destruye borracheras y elimina resacas… El bocadillo de albóndigas con salsa de tomate (*coc de pilotes amb tomatigat*) es uno de los iconos más venerados de la gastronomía popular menorquina. Se trata de un bocado aparentemente sencillo que, a pesar de haberse institucionalizado entre los turistas, no ha perdido un ápice de su atractivo entre el público local. De hecho, durante las exigentes festividades de Sant Joan, en Ciutadella, es uno de los estimulantes más consumidos por los menorquines.

Lo ideal sería preparar las *pilotes* a mano, pero también se pueden comprar hechas, siempre y cuando tengan un mínimo de calidad y presenten una mezcla equilibrada de carne de cerdo y ternera. Algunos las prefieren solo de ternera. Eso sí, tan importante es la nobleza de los ingredientes como el tamaño de la munición: la albóndiga tiene que ser pequeña, del tamaño aproximado de una trufa, unos 3,5 cm de diámetro. Así se preparan desde tiempos inmemoriales en Menorca y así es como mejor se adaptan al formato bocadillo.

La salsa de tomate es el fluido que engrasa las piezas del motor, el acompañante perfecto de la carne (la albóndiga siempre debe quedar en primer plano). Cuanto más sabor a tomate, mejor. Buscamos un sofrito apetitoso, con el tomate bien confitado, una bañera carmesí para que las albóndigas vibren al fuego. Cada casa tiene su manual, pero, sin una buena salsa, el bocadillo puede resentirse. El pan, por otra parte, debería ser ligero, de miga blanda, corteza crujiente y nunca de barra, siempre en formato panecillo individual, lo más parecido posible al *llonguet* mallorquín.

El legendario bar Tritón, situado en el puerto de Ciutadella, lleva eones bordando el *coc de pilotes amb tomatigat* y también dispone de una cara B para paladares intrépidos: el bocadillo de albóndigas de calamar, la versión marinera…

Pero eso ya es otra historia.

RECETA

1 panecillo

Para las albóndigas:

250 g de carne picada de ternera
250 g de carne picada de cerdo
125 g de papada de cerdo picada
2 yemas de huevo
75 g de pan sin corteza
75 ml de leche entera
Sal
Pimienta

Para la salsa de tomate:

500 g de tomates maduros
    o tomate pelado en lata
1 diente de ajo sin pelar
125 g de cebolla
1 hoja de laurel
1 rama tomillo fresco
Aceite de oliva virgen extra

Para las albóndigas:
Triturar el pan sin corteza en un procesador. Una vez triturado, hidratar con la misma cantidad de leche durante 15 min. Mezclar las carnes con el pan hidratado, yema de huevo y salar. Bolear la mezcla en un tamaño pequeño. Enharinar y freír las albóndigas con abundante aceite hasta que se doren.

Para la salsa:
Calentar el aceite junto con el ajo sin pelar. Una vez este tome color agregar la cebolla, sofreír muy bien y agregar el tomate triturado. Añadir el laurel y el tomillo y cocinar muy bien.

CARN I XUA

Porque no solo de sobrasada puede vivir el hombre, los habitantes de las islas Baleares tuvieron que ponerse manos a la obra y sacarse de la manga un magnífico divertimento en forma de embutido. Que nadie se ofenda por lo de divertimento. Nos referimos a que es difícil competir con la reina sobrasada, a todos los niveles.

Sin embargo, si uno pregunta a los más sabios del lugar, le dirán que hay algo más tradicional que la sobrasada, que lleva en las islas tanto como ella… o incluso más tiempo, gracias a los romanos que aparecieron y comerciaron con los locales unos cien años antes de la llegada de Cristo. Al mundo, no a las islas.

El invento se llama «carn i xua». Para los menos *foodies* o los neófitos, igual esta es la primera noticia de la existencia de este embutido. La *carn i xua* (carne y tocino, en castellano) se elabora a base de carne magra y tocino de cerdo sazonado y con especias, que después se embute en tripa de cerdo para ser curado. Si uno ejecuta un corte transversal después del proceso, y para saber si todo se ha hecho correctamente, podrá distinguir claramente la tonalidad rojiza del magro y el blanco del tocino. De cualquier modo, nuestro consejo es comprarlo ya hecho. A menos que tengan el tiempo para perfeccionar su propia *carn i xua*; entonces adelante.

Este es un bocadillo muy sencillo y también muy rico. Solo hay que tener un buen pan, bastará con una barra crujiente. Con eso, la *carn i xua*, y un buen tomate de rama, ya tenemos la manera de desayunar con la calidad necesaria para empezar el día con buen pie.

RECETA

1 trozo de pan con currusco
150 g de *carn i xua*
1 tomate
Aceite de oliva virgen extra
Sal

Introducir el embutido dentro del bocata que previamente habremos untado con tomate, una pizca de sal y un chorrito de aceite.

LENGUA Y ALCAPARRAS

La cultura gastronómica menorquina es inabarcable. Carnes, embutidos, cocas, pescados y mariscos se agolpan en las cartas de los supermercados y en las estanterías de los colmados, en un paraíso en el que un día es posible comerse una pata de cordero al horno que resucitaría a un muerto y al siguiente hincarle el diente a una caldereta de langosta que parece salida del fondo del mar especialmente para la ocasión.

En este libro hacemos algunas incursiones en las despensas de la isla y una de ellas es la del legendario bocadillo de lengua con alcaparras. Una parte de la ternera que tiene pocos fans si la comparamos con otras partes del animal, pero que en Menorca cuenta sus admiradores por legiones. Es un bocadillo que se cocina con pasión y que se come del mismo modo. Naturalmente, uno puede darle caña al plato sin que necesariamente tenga que acabar en el interior de un bocadillo, pero aquí hemos venido a ponerle pan a todo.

Es importante que compremos la lengua ya pelada, por ahorrarnos el trabajo. Sería maravilloso tener alcaparras de Pantelleria, el ejemplar siciliano que algunos consideran la mejor alcaparra del mundo. Como es complicada de obtener en estos tiempos, nos conformaremos con una buena alcaparra envasada en la península. También necesitaremos un pan contundente, con buenas miga y corteza y sabor potente, porque la lengua viene con una picada de ajo, perejil y almendras, y si a eso le sumamos la propia lengua, nos queda una receta muy poderosa. El pan debe estar a la altura.

RECETA

1 currusco de pan de
    pueblo o un buen pan
    de payés
1-1,5 kg de lengua de ternera
Una cabeza de ajos
1 cebolla
Tomillo
75 g de alcaparras
Sal
Pimienta

Para el sofrito:

150 g de tomate pera maduro
100 g de tomate triturado
    en conserva
200 g de cebolla blanca
2 hojas de laurel
Sal

Para la picada:

150 g de pan sin corteza
2 dientes de ajo
75 g de almendras
Perejil

En una olla exprés, poner la lengua de ternera en agua y dejar cocer unos 30 minutos. Añadir el tomillo, la cebolla y el ajo y mantener a fuego lento una hora más. Cortar la lengua en rodajas y reservar el caldo y la lengua por separado. En la misma olla, hacer un sofrito de cebolla, tomate y laurel. Mientras tanto, preparar una picada con pan sin corteza, ajo, perejil y almendras.

Cuando el sofrito esté listo, pasar por la batidora hasta obtener una salsa uniforme. Devolver la salsa a la olla, y luego poner la lengua troceada. Cubrir la lengua y el sofrito con su caldo y añadir la pimienta. Mezclar todo de manera que la salsa quede homogénea y esperar a que hierva. Añadir la picada y las alcaparras.

Lo ideal es comérsela después de que haya reposado durante un día entero. Solo falta un panecillo con buena corteza y listo para comer.

BLANCO Y NEGRO

Hace unos años, un cocinero arrasó con una versión deconstruida del bocadillo que nos disponemos a comer ahora mismo: el blanco y negro valenciano. La *pataqueta* de longaniza y morcilla, normalmente con habitas. Aunque en nuestra versión nos limitaremos a la chicha, sin aditivos: un buen trozo de longaniza y otro de morcilla. Ambos fritos. Bueno, la verdad sea dicha, hemos cambiado las habitas por un poco de pimiento verde, que es otra de las recetas clásicas con las que este bocadillo ha ido sobreviviendo varias décadas.

No es un bocadillo que se vaya por las ramas, todo lo contrario. Solo hace falta un buen trozo de pan crujiente, una buena morcilla, una buena longaniza y algo imprescindible: mucha hambre.

Algunos utilizan la morcilla de cebolla, pero existen muchas variedades porque en este país somos de montarnos nuestras propias versiones de todo. La longaniza es una salchicha, y deberíamos punzar las dos para que no nos exploten en la paella. El acompañamiento, como hemos dicho antes, puede diferir del clásico, pero en muchas ocasiones también lleva alioli, por añadirle otro ingrediente explosivo a un cóctel ya suficientemente inflamable.

No tiene más secretos, aunque para subir un poquito más el nivel, podemos planchar el bocadillo. Que no falte de nada.

RECETA

Un trozo de pan crujiente
1 morcilla
1 salchicha o longaniza
1 pimiento verde en tiras
Aceite de oliva virgen extra
Sal

Pasar por la sartén con aceite la salchicha y la morcilla. En otra paella hacer lo propio con el pimiento cortado en tiras. Colocar sobre el pan.

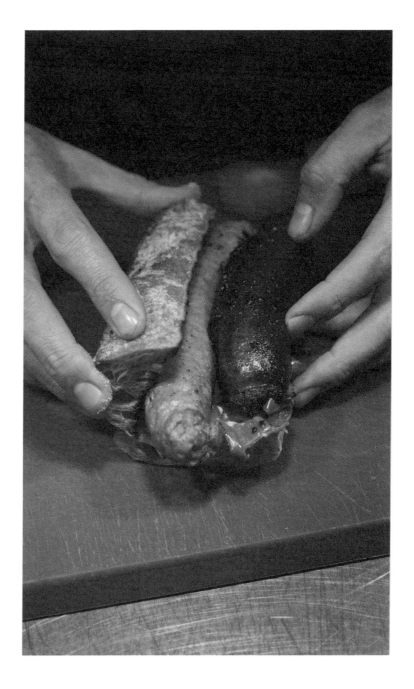

TERNERA

El bocadillo de ternera es un clásico que conviene no confundir con el pepito de ternera.

El primero (el que nos ocupa ahora) es un bocata de pan y ternera. No lleva nada más y no queremos que lleve nada más; el pepito, que ya ha aparecido en estas páginas, acostumbra a ir acompañado de otros pasajeros gastronómicos.

La ternera es uno de los pilares básicos de la gastronomía mediterránea, del mismo modo que ciertas verduras y que el mismísimo aceite de oliva. Es una carne tierna, sabrosa y que aparece en unas cuantas ocasiones a lo largo y ancho de las páginas de este libro. No podemos vivir sin ella y ella no puede vivir sin nosotros. Así llevamos unos ocho mil años, año arriba, año abajo.

Por eso no hemos resistido la tentación de incluir dos bocadillos con la misma materia prima en este libro: hemos sucumbido miserablemente.

La parte vital de este bocadillo es la propia ternera. Ya que no vamos a añadirle pimientos, ni tomate, ni lechuga, ni mayonesa, y todo lo que vamos a notar es su propio sabor, debe ser de primera clase. Obviamente, aquí la apuesta por la materia prima pasa por el solomillo. Solo por recordarlo a aquellos que no prestaran atención en la clase de anatomía de res: el solomillo se sitúa en la parte lumbar, entre las costillas y la columna vertebral. Es una de las piezas más jugosas y tiernas del animal y —seguramente— la más codiciada.

Así que con un buen pedazo de solomillo, pan fresco y un poco de aceite de oliva, debería haber de sobra para hacerse un bocadillo de primera clase.

RECETA

1 pan de chapata
1 solomillo de ternera
1 tomate de untar (opcional)
Aceite de oliva virgen extra
Sal

Cocinar el solomillo al gusto en una paella con un chorro generoso de aceite de oliva (lo aconsejamos al punto) y, una vez cocinado, colocar sobre el pan, que previamente podemos untar con tomate, sal y un chorrito de aceite de oliva.

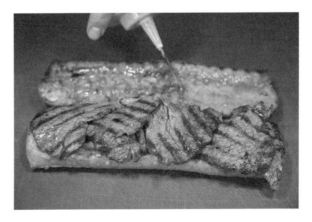

FIGATELLS
O HAMBURGUESA VALENCIANA

Si algún iluso cree que la meca del bocata español, Valencia, no dispone de su propia versión de la hamburguesa, es que no tiene ni idea de bocadillos o no ha pisado tierras valencianas en su vida. Así pues, que a ningún hípster se le ocurra hablar de *bacon cheese burgers* molonas o hamburguesas ecogourmet en la *terreta* porque, a lo mejor, alguna barra de medio sale volando y se estrella en sus gafas de pasta.

Cuando hay bocadillos en juego, en Valencia tonterías las justas. El *burger* valenciano no es una patochada moderna. De hecho tiene como principal ingrediente el *figatell*, un producto cárnico porcino con un aspecto parecido a una hamburguesa pequeña, pero con mucha más dinamita en su interior, pues se elabora principalmente con carne magra de cerdo, hígado y papada, todo bien especiado, salado y envuelto con el redaño, la membrana que recubre los intestinos y estómago del cerdo.

Poca broma con esta preparación, porque hay valencianos que consideran el *figatell* el abuelo de la hamburguesa. Es un embutido delicioso que, después de pasar por la sartén, despliega un sabor contundente y adictivo. Además, el pan le va de maravilla, se entiende con él, de ahí que el bocadillo de *figatells* triunfe cosa mala, especialmente en las comarcas de la Safor, la Marina Alta, la Marina Baixa y la Ribera.

Se pueden hacer en panecillos diminutos, como si fueran hamburguesas baby, pero hemos optado por fabricarnos el bocata de *figatells* en formato *burger*. El buen *figatell* desprende tanto sabor y tiene tanto carácter que no necesita mucho acompañamiento. No obstante, se le puede añadir lo que a uno le venga en gana, desde mostaza de Dijon a cebolla pochada, los elementos que hemos elegido por lo bien que casan con el cerdo. Para el pan, un brioche de hamburguesa y a volar.

Este bocadillo está abierto a la creatividad, pero hay que tener clara una cosa: el protagonista de la superproducción es el *figatell*, y cualquier cosa que hagas para enmascarar tamaño milagro culinario se te echará en cara el día del Juicio Final. Con Valencia no se juega.

RECETA

1 bollo de brioche para hamburguesa
2 *figatells*
1 cebolla
Mostaza
Aceite de oliva virgen extra
Sal

Pochar la cebolla en una sartén con aceite y reservarla. Freír uno o dos *figatells* en la misma sartén a fuego medio, que se hagan por fuera y queden jugosos por dentro. Tostar un poco el bollo para que explote en la boca. Untar la base del bocadillo con mostaza. Poner el *figatell* o *figatells* en la base, sobre la mostaza, y cubrirlos con abundante cebolla pochada para terminar.

BOCATAS
DEL MAR
ARTE ENTRE
DOS PANES

BACALAO CON PIMIENTOS DEL PIQUILLO

Nos vamos a una taberna española cualquiera para rendir pleitesía a un bocadillo épico que se puede preparar en un plis plas. Y nos quedamos con el sabor inconfundible del bacalao, un pescado omnipresente en la cocina patria que, curiosamente, no se prodiga en formato bocadillo. Y eso que el apretón del pan no le queda nada mal. Sirva como ejemplo uno de los bocadillos de mayor culto de Barcelona. Se fabrica en la pequeña barra del bar Neme, en el mercado de Collblanc, Hospitalet del Llobregat, y lleva bacalao a la llauna con pimientos verdes y alioli. La gente ama este bocadillo, y, aun así, los garitos barceloneses que se atreven con este pez entre panes se cuentan con los dedos de una mano.

Pero los bocadillos exigen rapidez, y tampoco está la cosa como para ponerse a cocinar un bacalao a la llauna, de modo que optaremos por algo mucho más rápido, por un encaje de ingredientes infalible, una simbiosis que se ha convertido por derecho propio en una de las tapas más queridas de España: los pimientos del piquillo rellenos de brandada de bacalao.

No hay que exprimirse en exceso la sesera para fabricar esta maravilla. Los tres elementos principales —pan, brandada y pimientos asados— podemos encontrarlos fácilmente en nuestros ultramarinos y panaderías de confianza. Es altamente recomendable que los pimientos del piquillo sean auténticos de Navarra. Su dulzor y carnosidad son imbatibles, pero valdrán también los procedentes de otros países como Perú, más baratos aunque menos sabrosos, que conste. Una brandada de calidad nos servirá para rellenar de vida los triángulos rojos y rubricar el bocadillo, provisto de un pan con semillas que aporta chispa crocante y encaja perfectamente en este despiporre de sabores y texturas.

RECETA

½ barra de pan de semillas
1 bote pequeño de pimientos del piquillo en conserva
Brandada de bacalao
1 tomate de untar
Mayonesa
Aceite de oliva virgen extra
Sal

Untar el pan con tomate, salar y añadir el aceite.
Rellenar los pimientos del piquillo con la brandada
(si tenemos una manga nos será de gran ayuda) y
repartirlos en la base del bocadillo. Untar con mayonesa
la rebanada superior para terminar.

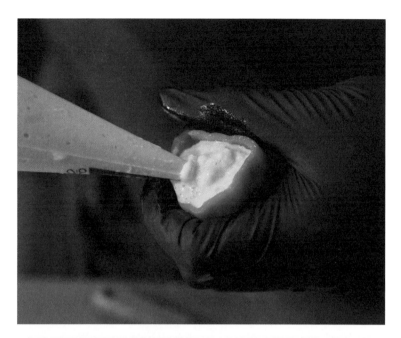

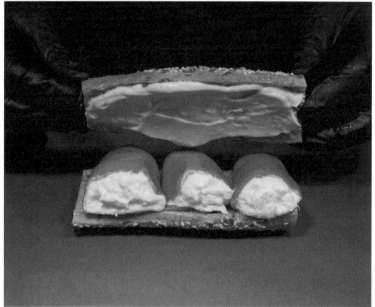

BONITO

Hay bocadillos con los que es imposible fallar. Generan consensos ahí por donde van, desaparecen de las barras de los bares, son engullidos continuamente por todos los géneros, las razas y las religiones y nunca te hacen quedar mal.

Es en Euskadi, uno de esos sitios en los que comer es mucho más que llenar el estómago, donde muchos sitúan el origen de este bocadillo, un clásico de clásicos, que admite pocas variaciones porque lo simple acostumbra a ser siempre la mejor solución para todo.

Hablamos del bocata de bonito. Bueno, del de bonito con anchoas. Bueno, del de bonito con anchoas y piparras. Y mayonesa, eso también.

Aquí hay mil leyendas que contar, porque todo el mundo parece conocer a alguien que conoce a alguien que fue el primero en inventar el bocata de bonito. Ya sea en forma de montadito en algún garito donostiarra, o en un pub oscuro del Casco Viejo de Bilbao, o en algún pueblecito entre montañas, donde solo los locales conocen los secretos de la gastronomía que se esconde entre el paisaje.

La gracia del bocata, más allá de su sencillez, está en la excelencia de su materia prima. Necesitamos un buen bonito en aceite de oliva (no aceptaremos menos), unas buenas anchoas, unas buenas piparras y un pan cojonudo. Hablando en plata.

La mayonesa también es importante: podemos mezclar las piparras y las anchoas con ella, o untarla directamente. Hay quien lo mezcla todo antes de ponerlo en el pan. Allá cada uno con sus decisiones.

Todo un mundo de posibilidades en un simple bocata.

RECETA

1 pan de chapata (u otra clase de pan; al gusto)
Bonito del norte en aceite de oliva
1 bote de piparras
1 lata de anchoas
Mayonesa

Poner el bonito, las piparras, y las anchoas dentro del pan. Añadir la cantidad de mayonesa que se desee.

O:

Mezclar las piparras con las anchoas troceadas en mayonesa y añadir luego al bonito.

O:

(Añadir aquí la combinación deseada).

MERLUZA

He aquí uno de nuestros bocatas favoritos.

Escoger lo mejor de lo mejor entre estos cincuenta bocadillos es una misión singular; no imposible, pero singular. Porque hemos elegido cada uno de ellos por un motivo concreto. Hemos intentado que todos tengan algo especial, o que hayan resistido el paso del tiempo, o que sigan una tradición que es posible rastrear. Cada bocadillo que habita en las páginas de este libro tiene una razón muy poderosa para encontrarse aquí.

En el caso del bocadillo de merluza, su rareza reside en que no es un espécimen fácil de encontrar, aunque haya zonas (como el norte) donde sea más visible. Sin embargo, es un bocata recurrente, al que inevitablemente se vuelve una vez que se le ha hincado el diente.

Además, es jugoso, energético y funciona muy bien a cualquier hora del día. El hecho de que haya que rebozar la merluza le da un punto extra y es justamente eso lo que lo hace relevante.

Rebozar es una técnica aparentemente sencilla, pero, como todas las técnicas de cocina, posee ciertos secretos que uno aprende a dominar cuando lidia de forma habitual con ello. En el caso de los pescados, hay que conocer perfectamente los tempos de fritura y asegurarse de que el aceite esté a la temperatura perfecta. Con esos dos factores y una buena masa de rebozado, el resultado es un triunfo seguro.

Hemos decidido acompañarlo con una mayonesa suave y unos pimientos. Los pimientos son opcionales, pero la mayonesa es obligatoria. La mezcla de su textura y sabor con los de la propia merluza la convierten en un cómplice perfecto. No podemos olvidarla.

Dicho de otro modo: si se hace bien, el bocadillo de merluza es imbatible.

RECETA

Pan de chapata o rústico de barra
1 lomo de merluza rebozada
Varios pimientos
Mayonesa
Aceite de oliva virgen extra
Sal

Freír la merluza rebozada en una sartén con una buena cantidad de aceite de oliva. Sacarla cuando empiece a dorarse, vigilando que se tueste de un modo uniforme. Saltear los pimientos. Sacarlos, escurrirlos y ponerlos en el pan, que hay que untar previamente con una generosa dosis de mayonesa suave.

ANCHOAS

Debemos admitir que nos hemos permitido una licencia. La única en todo el libro.

Lo hemos hecho porque la ocasión lo merecía.

Ya tenemos un riquísimo bocadillo de anchoas, aunque el protagonista del asunto sea en realidad el bonito, con cierto matiz de piparras. Así que hemos decidido incluir otra receta con anchoas en las que el pescado sea —casi— el protagonista absoluto. Casi.

Para ello, nos hemos saltado nuestra regla de oro y, esta vez, los ingredientes no estarán entre dos panes sino sobre solo uno. Naturalmente, siempre se puede añadir otro pan encima y ya tendríamos otro bocadillo, pero hemos resuelto dejarlo así para que cada uno pueda proceder como desee.

La cosa es sencilla: necesitamos unas anchoas grandes. No solo de tamaño, aunque también. Grandes de calidad, con esa carne jugosa de la buena anchoa que no tiene parangón. Con eso, un poco de pimiento de piquillo y algo de queso, ya tendríamos la excepción a la regla.

Ah, no podemos olvidarnos de una buena rebanada de pan de payés. Con corteza crujiente y miga de la buena. Nos dará todo lo que nos falta para triunfar.

El queso debería ser curado, eso sí. Aunque aceptamos alguno más suave si uno decide fundirlo.

Y nada más. Pruébenlo en casa.

RECETA

1 rebanada de pan de payés
Unas buenas anchoas
Un poco de queso curado
1 ración de pimiento del piquillo

Solo hay que poner la tostada en el horno, sacarla cuando esté y añadirle un poco de queso, las anchoas y finalmente el pimiento del piquillo.

Listos.

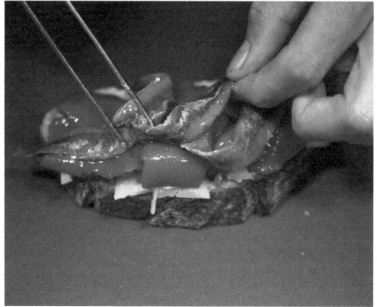

SEPIA A LA PLANCHA CON ALIOLI

La sepia es uno de esos alimentos que siempre te hacen quedar bien. Se puede cocinar a la plancha, para servir luego con un poco de ajo y perejil; se puede hacer a la romana o estofar; se puede cortar en dados, pasar a la plancha y luego servir en bocadillo con una buena dosis de alioli casero. Es imposible fallar, aunque hay que saber cómo hacerla bien para que no quede cruda ni pasada.

Nos quedamos con el bocadillo, que para algo hemos venido. Es importante tener un buen pan. La sepia tiene una textura particular y para ello es ideal un pan robusto, con poca miga. Así que la auténtica clave es la cocción de la sepia para conferirle la textura adecuada, el sabor del alioli y la corteza del pan, como contraste con la propia sepia.

En Valencia, este bocadillo es un tesoro local y una cosa muy seria, del mismo modo que en otras partes de España se comen con fruición la versión con sepia estofada o la de picadillo con mayonesa.

Es un bocata sabroso, perfecto para salir a comerse el mundo… pero cuidado con el alioli.

RECETA

½ barra de pan rústico
1 sepia troceada
Ajo
Perejil
Aceite de oliva virgen extra
Alioli

Para la mezcla, en una sartén poner un buen aceite de oliva, un diente de ajo muy picado y un poco de perejil. En otra sartén, bien caliente, dorar la sepia. Ojo, porque aquí todo tiene truco. Lo ideal es marcarla y darle la vuelta cuando adquiere ese color dorado. Añadir la mezcla de ajo y perejil a la sepia y meter todo dentro del pan, que habremos untado con alioli.

Consejo: hay multitud de aliolis caseros que pueden comprarse en cualquier tienda, pero si se quiere preparar en casa se puede hacer con huevo, sin huevo, con más ajo, con menos ajo, con más aceite y menos aceite, con mortero o con batidora. Como es imposible explicar la mejor técnica para este asunto, y si uno dispone del tiempo y la voluntad, lo mejor es hacerse con algún recetario clásico o (poniéndonos modernos) un tutorial de YouTube.

BOCATAS
CLASICAZOS
ARTE ENTRE
DOS PANES

LOMO
CON QUESO

Una institución. Una vaca sagrada. Un eterno. Cuando se habla
del bocadillo de lomo con queso, media España se hinca de hinojos
y la otra media se pierde en una espiral de salivación masiva.
Es más fácil encontrar una trufa blanca en Despeñaperros que
un español que no se haya comido alguna vez esta pieza. Los años
pasan y el lomo con queso permanece en los primeros puestos
de las listas de éxitos de los bares de todo el país.

Cuesta encontrar fusiones más apetitosas que la del lomo de cerdo
y el queso fundido; es una receta popular al alcance de todos los
bolsillos, que podemos convertir en bocado gourmet si apostamos
por un lomo de cerdo premium (el cerdo duroc sería una
magnífica elección) y un queso autóctono de la máxima calidad.
Un bocadillo transversal, a prueba de modas… Si tienes un trabajo
físicamente extenuante, siempre te quedará el consuelo de que
a media mañana te espera tu bocata de lomo con queso en
la barra del bar de abajo.

Además, el lomo con queso no tiene un libro de estilo. Y se agradece.
Los hay que prefieren las lonchas de lomo finas (especialmente si
el material es de baja calidad y tiende al chicle), pero el disfrute es
más pornográfico con lonchas de grosor medio, generosas pero sin

pasarse, que tengan chicha y no se endurezcan en exceso cuando salgan de la sartén.

El asunto del queso daría para varios simposios. En cada pedanía se utiliza uno distinto. Un emmental o un gouda fundirá bien, pero dejará escaso sabor. Un brie es una opción muy digna. Pero en este caso, el triunfo está asegurado con un buen queso semicurado o curado, un puñetazo de sabor y carácter que se agradece en la versión más sencilla de este bocadillo: lomo, queso y pan. Nada más. Ya lo decían los raperos De La Soul: tres es el número mágico.

RECETA

Pan de barra o baguette
3 o 4 filetes de lomo de cerdo fresco
3 o 4 lonchas de queso curado o semicurado
Aceite de oliva virgen extra
Sal
Pimienta

Salpimentar los filetes de lomo y pasarlos por una plancha o sartén con aceite. Cuando se hayan hecho por una cara, darles la vuelta y poner una loncha de queso encima de cada filete, mientras el lomo se cocina en la misma sartén, para que el calor funda el queso. Cuando estén hechos, colocar los filetes de lomo a lo largo del bocadillo, con la parte del queso fundido siempre arriba.

MOLLETE DE *PRINGÁ*

El mollete de *pringá* es uno de esos bocadillos que se nutre de lo mismo que otros clásicos: las sobras.

Hay quienes hacen croquetas, otros canelones, pero es muy posible que si uno se mueve por Sevilla haya aprovechado todo lo que ha sobrado del puchero del día anterior para hacerse una buena *pringá* y zamparse el bocata de media tarde con toda la sustancia del mundo.

Normalmente, porque cada uno tiene su manera de matar sobras, el puchero contendría ternera, pollo, tocino, morcilla y chorizo. Nosotros hemos optado por una versión solo a base de carnes, pero para gustos, los colores. Todo eso se funde en una masa más o menos uniforme, que puede contener también tropezones, por aquello de provocar más enjundia en la mordida. Dejamos la receta del puchero para el territorio Google y nos concentramos en el bocata. Como pista para los que residan en la zona o piensen viajar allí y quieran tomarse un señor mollete, es buena idea visitar la Antigua Abacería de San Lorenzo o la bodega Santa Cruz, donde elaboran versiones supremas de este bocadillo, también en forma de montadito.

Lo más complicado es que sobre algo del cocido, pero si se da, es solo cuestión de mezclar las carnes cuando aún están templadas y extenderlas luego en el pan como si fueran una especie de *foie* casero. Es importante (muy importante) que el pan sea de miga y corteza tierna, para que su sabor y textura no interfiera con la propia *pringá*. Algunos les ponen encurtidos al bocadillo y otros añaden pimienta negra al conjunto: todo se junta bien en esta receta, así que lo dejamos al libre albedrío. También se puede rectificar de sal, solo es cuestión de darle un tiento y añadirla si fuera preciso.

RECETA

1 mollete
1 trozo de carne de cerdo cocido
¼ de gallina cocida
1 morcillo de ternera cocido
1 trozo de tocino ibérico cocido
1 trozo de panceta cocida
1 hueso de jamón cocido
2 cucharadas de caldo del cocido

Mezclar bien las carnes, introducirlas en el mollete y darle un toque de horno (grill) o de tostadora justo antes de servirlo.

MOLLETE
DE ANTEQUERA

El 17 de noviembre de 2020, el *Diario Oficial de la Unión Europea* publicó una nota en la que se hacía eco de una noticia que llenó de gozo a toda la comunidad malagueña: el mollete de Antequera había sido distinguido con la clasificación de Indicación Geográfica Protegida (IGP). Esto quiere decir que, en tiempo presente, el mollete antequerano se identifica como producto originario de este pueblo malagueño, adquiriendo así una entidad de la que pocos alimentos pueden presumir y quedando atado para siempre al inconsciente colectivo del recetario español.

Algunos dicen que el legendario mollete empezó a caminar a principios del siglo XVII, pero los últimos rastreos en la historia de este panecillo suave y gustoso han demostrado que la cosa arrancó mucho antes: los promotores de la IGP y el mismo Archivo Municipal de Antequera han documentado la presencia del mollete en documentos locales en (ojo) 1539. El culpable es el recetario de María Enríquez, que forma parte del archivo del marqués de la Vega de Santa María. Allí aparecen por primera vez unos «molletes reales»: bollos enriquecidos con huevo y queso fresco que probablemente no tienen mucho que ver con los molletes actuales, pero que son la prueba definitiva de que en

Antequera se manejaban con estas cosas hace ya la friolera de medio milenio.

Dicho esto, el mollete sigue siendo un manjar que presume de simplicidad y hemos querido honrarlo dibujando nuestra propia versión: sencilla, bonita y muy sabrosa.

Con toda probabilidad, el mollete excede cualquier expectativa cuando lo servimos como desayuno, pero se puede comer a cualquier hora; también ahí reside su belleza.

Para ejecutar debidamente la versión del mollete que presentamos, solo se necesitan un par de lonchas de jamón ibérico, o las que se quieran, un extraordinario aceite de oliva y un gran mollete.

Eso y algo de hambre. Cuando uno está a punto de meterse en la boca un manjar con quinientos años de historia, qué menos.

RECETA

1 mollete
50 o 100 g de jamón ibérico
Aceite de oliva virgen extra

Verter un buen chorro de aceite de oliva virgen dentro del mollete y colocar el jamón ibérico. Darle un toque de plancha al conjunto lo hará aún mejor, si es que eso es posible.

SERRANITO

José Luis del Serranito era un novillero bastante espabilado que, en la década de los setenta, patentó un bocadillo que estaba ya triunfando en Sevilla. Su precio razonable y unos ingredientes potentes, suficientes para satisfacer a cualquier hijo de vecino, le granjearon fama y fortuna.

En pleno siglo XXI, el serranito sigue siendo un clásico sevillano, pero ya cuenta con predicamento por todas las provincias andaluzas y algunas que no lo son tanto. Normalmente, se elabora con lomo de cerdo, rodajas de tomate, unas cuantas lonchas de jamón serrano y un poco de pimiento verde. Se acompaña —naturalmente— de una abundante ración de patatas fritas y de salsa de mojo picón, alioli o mayonesa.

Teniendo en cuenta todo esto, y con la voluntad de celebrar un bocadillo inmortal, hemos preparado un serranito plus, respetando todo lo dicho, pero con un *update* que consideramos necesario: el jamón no es serrano; es ibérico.

No tenemos nada en contra del jamón serrano, que quede claro, pero, ya que vamos a hacer un serranito, ¿por qué no darnos un capricho? Al fin y al cabo, solo se vive una vez.

Desde hace unos años, el cliente puede cambiar el lomo por unas pechuguitas de pollo y en algunos bares se sirve con tortilla francesa. Todo bien, pero nuestro serranito es el que hemos comentado. Ah, normalmente se prepara con un pan de Viena o un mollete y eso también nos lo hemos saltado. Porque podemos.

Vamos a ello.

RECETA

½ barra de pan rústico
Varias cintas de lomo
Varias lonchas bien finas de jamón
    ibérico
Un poco de pimiento verde
1 tomate en rodajas
Mayonesa
Aceite de oliva virgen extra
Sal
Patatas fritas (opcionales)

Freír las cintas de lomo y los pimientos cortados en tiras en una sartén con aceite de oliva. Poner en el pan, y añadir el tomate y el jamón ibérico (la mayonesa aparte).

EL POLLAZO

España es una mina a la hora de inventarse apelativos, sobrenombres y coñas de toda clase cuando se trata de comer.

«El pollazo» es un nombre que no cuesta mucho memorizar y tampoco nos apetece bucear en sus orígenes. Cada uno puede escoger su leyenda urbana favorita. Solo recordar a nuestro querido público que este enorme bocadillo tiene su cuna en Cádiz, un lugar en el que gustan del cachondeo más que del buen comer. O casi.

Según todas las fuentes autorizadas, el pollazo se creó en el bar Sancho Panza, cuyo nombre ya da unas cuantas pistas de lo que ofrece el establecimiento. En Cádiz, hace unas cuantas décadas, se acumulaban multitud de cuarteles. En ellos se agolpaban un buen número de soldados con poco dinero y mucha hambre. Por eso aparecieron por toda la ciudad un montón de establecimientos dispuestos a dar un paso al frente.

De todos esos bares, pocos siguen en pie: el Sancho Panza es uno de ellos.

Allí se siguen elaborando bocatas de tamaño XXL, que sirven para cualquier contingencia y que pueden poner a prueba el estómago más atrevido. Los panecillos se los hacen a medida y miden 40 centímetros. Es fácil imaginar el hambre que hay que tener para meterse uno de ellos entre pecho y espalda.

El más popular es el pollazo. 40 centímetros de pan, 3 filetes de pollo empanado, 3 trozos de magreta adobada (cuyo tamaño también debe ser considerable), 2 huevos fritos y un buen montón de patatas. Nosotros hemos optado por reducir el tamaño del pan y optar por algo más portátil, pasar de los 3 filetes de pollo a 1 y quedarnos con solo unas pocas patatas fritas, porque no vamos a renunciar a eso. La idea es que el lector pueda sobrevivir a este bocadillo y pasar al siguiente.

Obviamente, uno puede optar por ir *full equip* y comerse una barra entera de pan: no nos oirán quejarnos.

RECETA

1 pedazo de pan al gusto
1 pechuga de pollo rebozada
3 lonchas de magreta adobada
1 puñado de patatas fritas
2 huevos
Aceite de oliva virgen extra
Sal

Rebozar el pollo y freírlo. Pasar también por la sartén las lonchas de magreta adobada. Freír después los huevos y las patatas (en otra sartén). Colocar todo en el pan, que puede incluso tostarse, y cerrarlo con cuidado.

LA REVERENCIA

Hay bocadillos míticos en este país. Y son unos cuantos. En el sur
hay una larga lista de entrepanes legendarios; algunos habitan estas
páginas, otros los dejaremos en el imaginario colectivo, porque
las páginas son limitadas y los bocatas (casi) infinitos.

Uno de los más icónicos y con un nombre inolvidable es
«La Reverencia». Lo llamaban (y lo llaman) así porque era casi
imposible no mancharse con él si uno no hacía el gesto de agachar
ligeramente la cabeza.

Inventaron La Reverencia en 1920 en San Fernando (Cádiz),
concretamente en el bar Los Dardanelos, en la calle Rosario.
Los gaditanos iban en masa a consumirlo, y para no acabar con una
gigantesca mancha de aceite en la ropa, no tenían otro remedio
que bajar el pescuezo.

La cosa no tenía mucho secreto, pero, como tantas otras cosas,
hasta que alguien no decidió ponerlo en práctica, el bocadillo solo
era eso: una idea. Dos rebanadas de pan, un buen pedazo de carne
mechada, una rodaja de tomate, aceite y sal. Sin más. La carne mechada
sobresalía del pan, como si se tratara de un montadito gigante.

Una vez en la calle, La Reverencia empezó a venderse por todas partes, y no solo en bares. Muchas tiendas de ultramarinos preparaban el bocadillo y la cosa se desmadró. Hoy, La Reverencia es un clásico inmortal, con mil variaciones conocidas y otras tantas ejecutadas en el ámbito privado.

Aquí apostaremos por el mito, el bocadillo que en 1920 conquistó Cádiz. Con una gran reverencia.

RECETA

2 rebanadas de pan
1 pedazo grande de carne mechada
1 rodaja de tomate
Aceite de oliva virgen extra
Sal

Tostar dos rebanadas de pan. Cortar un buen trozo de carne mechada. Hacer lo propio con una generosa rodaja de tomate. Añadir una pizca de sal. Encorvarse ligeramente al comerlo.

BIKINI O MIXTO

La bruma envuelve su origen y le confiere un extra de épica a su ya alargada fama; no en balde es uno de los emparedados más famosos de Occidente. Su belleza radica en su sencillez, pues se resume en dos rebanadas de pan de molde, queso, jamón de York, mantequilla y una plancha o sandwichera. Es tan popular que hasta le han dedicado un día: el 12 de abril.

Hay una teoría que asegura que su precedente son los sándwiches *ham & cheese* que se devoraban en los partidos de béisbol en el Nueva York de finales del siglo XIX, antes de que los perritos calientes colonizaran todos los eventos deportivos.

Otro argumento apunta al mítico sándwich cubano (cerdo, queso, pan tostado) como el molde original.

Existe otra teoría que adjudica su creación a los franceses y señala como precedente al *croque monsieur*, inventado a principios del siglo XX y con una cobertura de bechamel que, afortunadamente para nuestras arterias, se perdió en la versión española.

Da igual la milonga que nos cuenten, lo cierto es que lo conocemos como un mixto en toda España, menos en Cataluña, donde se llama «bikini» en honor a la extinta sala de fiestas Bikini, que lo popularizó cosa fina en Barcelona durante la década de los cincuenta. Un bocadillo que se llama como una discoteca: ¿no suena maravilloso?

Como todos los bocadillos canónicos, la imaginación de los cocineros ha sometido al mixto a mil y una mutaciones, y actualmente podemos encontrarlo en formato gourmet, con pan de payés o de brioche en lugar de pan de molde, con quesos atrevidos como el comté o con jamón braseado italiano.

En Barcelona es tan rematadamente famoso que hay restaurantes especializados solo en este sándwich, como La Bikineria. Pocos bocadillos pueden presumir de tanta durabilidad, *sex appeal* y versatilidad: puedes comerte un mixto para desayunar, comer, merendar, cenar e incluso de madrugada, cuando llegas a casa canino después de una noche de fiesta. ¿Resaca en ciernes? Pocas medidas preventivas funcionan mejor que este ingenio.

RECETA

2 rebanadas de pan de molde (o de payés, brioche, *croissant*...)
50 g de jamón de York
Queso en lonchas, preferiblemente emmental, gouda, gruyer o havarti
Mantequilla

Poner una loncha de queso en el interior de la rebanada superior y otra loncha en la base del bocadillo. Colocar el jamón en lonchas finas entre las rebanadas. Untar con mantequilla las caras exteriores para buscar el crujiente extra. Tostar el bocadillo montado en la plancha o la sandwichera. El queso debe fundirse con elegancia. Cortar el bocadillo en triángulos.

JAMÓN IBÉRICO

No hay mejor forma de transportar un buen jamón ibérico que entre panes: le puedes hincar el diente cuando y donde te apetezca, y no hace falta que te pringues los dedos de grasa. ¿Cuántos bocadillos de jamón se consumen al día en España? Cuando algún superordenador cuántico pueda brindarnos la cifra nos estallará el cerebro en pedazos, como a los *Lemmings*.

A los españoles nos encanta el jamón ibérico y nos pirran los bocadillos. Se trata de un combo ganador en cualquier parte del país. Nuestro producto estrella hermanado con nuestro recurso estrella, uno de los bocadillos más fáciles de preparar y uno de los que se prestan más al debate. Consta de dos ingredientes básicos, pero a pesar de tan concisa composición, en cada casa se prepara de una forma distinta y seguramente válida.

Para contener la magia porcina, nos decantamos por un pan de barra de calidad, de miga blanda, tirando a esponjosa. Nos serviría también pan de baguette, chapata e incluso un panecillo de pan de cristal. Cada maestrillo tiene su librillo. Las lonchas de jamón han de tener un grosor moderado, ser lo suficientemente finas para que se fundan en la lengua y el paladar, pero sin llegar al papel de fumar; queremos notar la textura en la boca, que se quede ahí un par de segundos.

Hay diferentes escuelas en lo referente a la elección del jamón para un bocadillo. Lo que resulta indiscutible es que si el único protagonista del bocata es este, vamos a por la crema, es decir, un jabugo pata negra que quita el sentido. Si queremos meter más ingredientes o no tenemos tanto presupuesto, nos bastará con un jamón ibérico decente, tampoco hay que pasarse. Y un punto de tensión: ¿el bocadillo de jamón ibérico está más bueno con pan con tomate? Nadie lo sabe, lo cierto es que los puristas del jamón prescinden del tomate y se aferran a unas simples gotas de aceite de oliva. Por otra parte, quienes han probado el bocadillo de ibérico con pan con tomate (bien untado, con su sal y su aceite, ¡prohibido pintarlo con pulpa!) dicen que ya no hay vuelta atrás.

RECETA

Pan de barra, baguette, pan de cristal, panecillo o chapata
80 g de jamón ibérico de Jabugo
1 tomate de untar (opcional)
Aceite de oliva virgen extra
Sal

Si el bocadillo es con pan con tomate, untar el tomate, espolvorear una pizca de sal y añadir un poco de aceite (por este orden) en ambas mitades. Si el bocadillo se hace sin tomate, podemos darle un golpe de calor al pan en el horno, dejar que se atempere y añadirle un chorrito de aceite a las dos mitades. Repartir las lonchas de jamón de forma equitativa por todo el bocadillo: cuanto más generosa sea la cantidad, más placentero será el impacto.

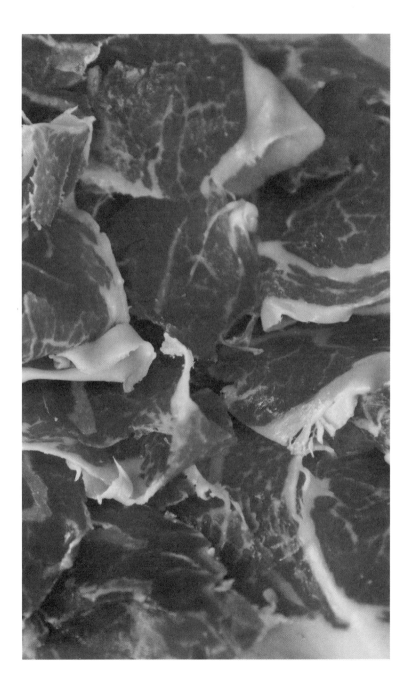

CALAMARES

No deja de ser curioso que la meca del bocadillo de calamares sea una ciudad sin costa. Nadie puede disputarle a Madrid ese honor, pero tampoco nadie se pone de acuerdo respecto al origen del invento.

Algunos apuntan a la corriente andalucista que, a mediados del siglo XIX, golpeó fuerte la capital y trajo consigo las frituras de pescado. Parece que los movimientos migratorios en busca de fortuna en la capital también tuvieron algo que ver. Las casas pudientes madrileñas contaban en su servicio con cocineras procedentes de regiones costeras, principalmente Galicia y Asturias, y la manipulación y preparación de productos del mar no tenía secretos para ellas. Después de trabajar a destajo en hogares adinerados, las cocineras abandonaban la servidumbre y montaban sus propias casas de comidas.

Y en estos garitos donde imperaban los precios populares el bocadillo de calamares rebozados y fritos en aceite se convirtió en una de las opciones más interesantes: era barato, se podía enmascarar el estado de la pieza, cundía más y sumaba calorías, siempre bienvenidas en tiempos de penurias.

En 1974, Francisco Umbral escribía en *La Vanguardia*: «Madrid es una ciudad que se alimenta casi exclusivamente de calamares fritos. Aquí, los ricos comen salmón y los pobres comemos bocadillos de calamares a media mañana, para ir tirando…». Lo cierto es que, con la inauguración del bar Brillante en 1953, el sanctasanctórum de esta receta, el bocadillo de calamares devino en icono identitario capitalino y ya en los sesenta su aura se intensificó hasta alcanzar estatus de leyenda. El resto es historia.

El bocadillo de calamares es tan famoso que ha trascendido los límites de la capital y de la imaginación. Antes denostado y ahora adorado por los grandes cocineros, este bocata se muestra de muchas formas innovadoras por toda nuestra geografía: en mollete, en *bun*, en panecillo de brioche, con mayonesa de lima, con salsa sriracha, en su tinta e incluso con el calamar planchado, sin rebozar. No obstante, pocas moderneces le tosen al molde original, una fiesta de la sencillez que grita «Madrid» cada vez que le hincas el diente.

RECETA

1 panecillo largo o chapata individual
1 calamar fresco
Harina especial para frituras
Leche
Mayonesa
1 limón o lima
Aceite de oliva virgen extra
Sal
Pimienta

Lavar, escurrir y secar muy bien el calamar con papel absorbente. Cortarlo en anillas. Sumergirlas en leche durante una hora. Pasar las anillas por la harina y retirar el sobrante con la ayuda de un colador. Sumergirlas en abundante aceite de oliva virgen caliente (170-190 °C) hasta obtener la fritura deseada. Secar los excedentes de aceite con papel absorbente y salpimentar al gusto. Tostar ligeramente el pan e introducir las anillas de calamar. Sazonar con limón o mayonesa al gusto.

LONGANICICA

La longaniza de Aragón es una bendición. No pretendíamos
que rimara, pero ha salido así.

Parece simple: cerdo picado, especias y hierbas. Pero hacerla bien
solo está al alcance de unos cuantos elegidos, y es genial que sea así.

Nunca se le pone pimentón, a menos que se desee renunciar a la
nacionalidad aragonesa u ofenderla gravemente. Puede ser fresca
o curada y se puede comer de mil modos distintos, pero este es un
libro de bocadillos y no podemos andarnos por las ramas.

La buena longaniza también es muy disfrutable entre panes, solo
hace falta encontrar el socio adecuado. En muchos bares de la
capital aragonesa se puede catar la longanicica: un contundente
bocata de longaniza frita con queso fundido, que rechaza los
adjetivos porque los merece todos.

No hay mucho más que decir. Si el lector es aragonés, estará
corriendo a la cocina porque le habrá entrado hambre; si no lo es,
quizá sienta la irremediable necesidad de probar de qué demonios
se trata. Así que solo recomendar un buen pan de pueblo, fuertote,
con buena corteza.

Con eso va una buena longaniza de tu charcutero de confianza y un buen queso que se funda y que sea suave, para complementar y no interferir con el sabor de la carne.

La longanicica es un auténtico tesoro, que nadie lo olvide.

RECETA

1 trozo de pan de pueblo
1 longaniza
2 lonchas de queso al gusto
Aceite de oliva virgen extra

Freír la longaniza en una paella con aceite de oliva.
Poner en el pan y añadir el queso.

CAMPERO MALAGUEÑO

Y vamos con otro clásico: el campero malagueño.

Se tiene claro que nació en Málaga, según dicen algunos, de mano de Miguel Berrocal, que trabajaba en un bar llamado Los Panini. Quede claro que esta declaración es autoproclamada, y que aquí la dejamos porque se ha reproducido en infinidad de ocasiones.

El campero malagueño es un bocadillo «planchado». Se abre un panecillo grande, y se llena con lechuga, tomate, jamón de York, queso y mayonesa. Luego se pasa por la plancha y, con ese toque, se sirve un delicioso bocadillo caliente. Se dice que, al principio, el campero incluía también un toque de mostaza. Los hay que afirman que se le ponía hasta kétchup. También se conocen versiones con pollo y alioli. Porque ya se sabe que el pueblo gusta de catar cosas nuevas y el campero malagueño es un campo de pruebas perfecto.

Obviamente, el tomate debe ser natural, cortado en rodajas. Buen jamón de York (lo hay, a pesar de que en este país lo que gusta de verdad —llamadnos tontos— es el ibérico) y buen queso. Aquí la gracia, más allá de los ingredientes relativamente sencillos, es el «planchado». Que quede tostado y que se coma al momento.

Nosotros recomendamos un toque de mostaza, que siempre le viene bien a esta clase de bocata, pero dejamos a gusto del cliente este pequeño añadido.

Nota: este bocadillo se prepara haciéndole un corte en el medio. Para comérselo mejor.

RECETA

1 panecillo grande
2 hojas de lechuga
3 rodajas de tomate
80 g de jamón de York
80 g de queso cheddar
2 cucharadas de mayonesa
Mostaza (opcional)

Abrir el panecillo, llenarlo con todos los ingredientes elegidos y darle un toque de plancha hasta que quede bien tostadito.

CHORIZO A LA SIDRA

Hay cosas que le gustan a todo el mundo: unas buenas patatas bravas, un buen pincho de tortilla, unas buenas rabas… Y unos buenos chorizos a la sidra. Una vez sirves eso en la mesa, se acabaron los problemas.

Con esto último (el chorizo), podemos ir un poco más lejos.

La cosa es asturiana, obviamente. Y podemos discutir mucho sobre quién fue el primero en hacerlo, pero lo que tenemos claro es que ha habido un efecto contagio desde las terrazas asturianas en las que se servía en cazuelita de barro como tapita perfecta hasta el día de hoy, cuando puede encontrarse en casi todas las comunidades autónomas. La receta no ha variado demasiado, pero en Asturias usan el chorizo primigenio ligeramente asado y pasado después por una cocción en sidra que le da un sabor inconfundible.

Otros aconsejan que el chorizo esté crudo antes de proceder a la cocción, pero no vamos a entrar en polémicas. Lo que sí vamos a hacer es convertir esta tapa en un delicioso bocadillo. Dejamos a voluntad del lector cocinarse él mismo los chorizos o comprarlos ya hechos, aunque le aconsejamos lo primero.

Pero sí es indispensable contar con un buen pan rústico. Mejor panecillo, si es posible. En la forma en que cada uno desee. Redondo, alargado o hexagonal. Pero que sea rústico. El propio jugo del chorizo combinará a la perfección con la fortaleza de ese tipo de pan (debe ser robusto porque el chorizo es un alimento contundente).

A partir de aquí, se puede decidir si quiere añadirse queso al asunto, uno gustoso, más bien potente, o quedarse simplemente con el propio chorizo. Algunos le hacen un corte transversal al embutido; otros lo cortan a rodajas; y otros prefieren dejar la salchicha intacta, para notar esa explosión de sabor al morder.

No hace falta nada más: a disfrutar.

RECETA

1 panecillo rústico
2 chorizos asturianos crudos
1 botella de sidra
1 loncha de queso gamonedo (opcional)

Introducir en una olla grande la sidra y los chorizos a un tiempo y llevar a fuego vivo hasta que hierva. La sidra debe cubrir completamente los chorizos. Una vez llevados al hervor, bajar a fuego medio y dejarlos así una hora. Abrir el pan y colocar dentro los chorizos, enteros, a rodajas o abiertos por la mitad, permitiendo que la miga se empape de los jugos.

SAN FRANCISCO

En Granada encontramos una variación del clásico lomo con queso, un bocadillo de mil padres/madres, pero que juega con un par de ingredientes adicionales para darle forma nueva y hasta nombre propio: el San Francisco.

Parido en la ciudad andaluza y servido por todas partes, parece que ahora mismo es el Aliatar el que lleva la antorcha del San Francisco con más premura. Bar de barra clásica y de precios populares, al que es mejor llegar prontito si uno pretende comer con menos aprietos y en el que además se puede probar un bocata maravilloso: el de alcachofas, anchoas y mayonesa.

Precisamente con este último, con el añadido de una base de buena lechuga, un lomo de cerdo de buena calidad, un panecillo clásico sin corteza y buena miga, además del tradicional complemento en forma de queso, se monta un buen San Francisco.

El lomo-queso es un imperdible de cualquier bar que se precie y, si hubiera una estadística fiable, sería bastante razonable pensar que es uno de los bocadillos más vendidos de nuestro país. Es sencillo, rápido y proteínico; no hace falta mucho más. El San Francisco le añade el toque verde y el complemento directo perfecto: el de la mayonesa.

Si es posible hacer una mayonesa casera, entonces deberíamos apostar por ella sin remilgos. Si no tenemos el tiempo, los ingredientes y la energía, asegurémonos de comprar una de la máxima calidad.

¿La lechuga? Mejor trocadero que iceberg, pero nos sirve cualquiera que no parezca recién sacada de la nevera y lo más tierna y sabrosa posible. Por supuesto, dos buenas rodajas de lomo. En la carnicería de confianza nadie debería tener problemas para hacerse con un par de esas. El pan debería ser el mismo que el del perrito caliente: muy fácil de morder, poco denso y que uno puede masticar en mordida y media. Todos nos hemos comido algún lomo con queso, así que por un poco más (y porque no todos los días podemos ir a Granada), pongamos en casa un San Francisco.

RECETA

1 panecillo de Viena o bollo para perrito
2 rodajas de lomo de cerdo
2 lonchas de queso cheddar
Una buena ración de mayonesa (casera si es posible)
3 hojas de lechuga
Aceite de oliva virgen extra
Sal

Freír (o hacer a la plancha) el lomo. Preparar el pan (tostarlo es una opción ideal), untar con mayonesa en dosis generosas y añadir la lechuga. Se puede añadir el queso al lomo justo después de sacarlo de la plancha o la sartén o ponerlo en el pan encima de la lechuga. Al gusto.

PATA DE TELDE

Este es un bocadillo muy serio y eso no admite discusión. Además, no es fácil de hacer sin contar con la elaboración adecuada. Dicho de otro modo: hay que ir a un lugar en el que sepas que lo hacen o prepararte a invertir una buena ración de tiempo para poder disfrutar del asunto.

Hablamos del bocadillo de pata. Una delicia que puede tener dos ingredientes o tres, dependiendo del gusto del consumidor. El tercer ingrediente es el queso: los otros dos son el pan y la propia pata. Una pata de cerdo, pero vaya pata.

Hay unanimidad en que la madre de este bocadillo es un bar canario llamado Yazmina. Situado en Telde (Gran Canaria), da de comer a su parroquia desde 1986. Lo más curioso de este bar es que sirven un único bocadillo, y ese bocadillo es leyenda. Tanto que locales, curiosos y turistas dan buena cuenta de más de ochocientos de esos bocadillos al día. De hecho, es complicado encontrar sitio en la barra del local, desde el amanecer hasta la noche.

Para completar la impresionante ronda de avituallamiento de este local, durante la noche unas cuantas patas de cerdo se hornean hasta doce horas para alcanzar la textura adecuada. Por la mañana, el chef (porque así es como habría que llamarle) se asegura de que estén perfectas. Luego se van cortando según requiere el servicio y se sirven en pan de primera clase, acompañado (o no) de un queso tierno.

No hay más: la calidad de un producto cocinado con extrema paciencia, un buen pan y un buen queso. Como no todo el mundo puede acercarse a comer a Canarias, es cuestión de buscar un sitio donde nos vendan buena pata de cerdo, ya cocida o sin cocer. Si se tiene tiempo y dinero (o una de las dos cosas), nos la podemos cocinar en casa. Si vamos más apurados, compramos algo de pata ya loncheada, un poco de queso tierno y un buen pan, y listos.

RECETA

1 buen panecillo, ½ barra de pan
   o un buen pan de payés
150 g de pata de cerdo horneada
Queso tierno (opcional)

Abrir el pan, untarlo con queso tierno y luego añadir la pata loncheada.

CHORIZO DE TEROR

España está llena de chorizos. Mejor dicho (por no generar confusión): España está llena de buenos chorizos.

Los chorizos ibéricos, los ahumados o los frescos; hay tantas variedades que parece haber un chorizo para cada español o un español para cada chorizo. Es un alimento recurrente, con el que muchos o muchas pueden viajar a algún lugar de su niñez. Es por eso que el bocadillo de chorizo es un bocadillo de mil vidas, que te salva en cualquier momento y que puede ser tan caro y especial como uno desee. Basta con hacerse con un chorizo de supermercado o uno de tienda de delicatesen.

Entre los chorizos más desconocidos, al menos en la península y en el ámbito del gran consumo, se encuentra el de Teror. Esperemos contribuir, dentro de nuestras posibilidades, a la apología de este chorizo con alma líquida, a la que algunos llaman «sobrasada canaria» esperando que este recordatorio no ofenda a la buena gente de las islas. Es un embutido meloso, tierno, ideal para esparcir y untar sobre un buen pan y disfrutar acto seguido.

En las Canarias, el bocadillo de chorizo de Teror es una suerte de tesoro regional. Así que es relativamente sencillo encontrarlo en cualquier bar y ponerte las botas. En la península es un poco más difícil, lo que no quiere decir que no lo haya.

El chorizo de Teror se elabora con pimentón, sal, vino blanco, especias, ajo, tocino de cerdo y carne magra. Y el blanco es exactamente igual, excepto el pimentón, más un toque de nuez moscada. En las islas también le llaman «chorizo perrero» y tiene otros parientes como el chorizo de Chacón (en Lanzarote) o el chorizo palmero.

Teror es una pequeña localidad al norte de la isla de Gran Canaria, en la que —naturalmente— sirven el bocata en su versión más auténtica. Hoy en día, el chorizo puede encontrarse en comercios a lo largo y ancho de la geografía española, así que no hay excusa para no catar este bocadillo si a uno le apetece.

RECETA

1 panecillo
Chorizo de Teror

Elegir un buen pan, preferiblemente un panecillo con buena miga y crujiente. Abrirlo y untarlo con una cantidad generosa de chorizo de Teror.

TORTILLA DE PATATAS

Es bastante obvio que este bocadillo va a ser controvertido, no podía ser de otra manera.

Con tomate o sin, con cebolla o sin, en pan crujiente o más tierno, cuajada o sin cuajar, lo de la tortilla de patatas es más polémico que el VAR (para aquellos que gusten de los símiles futbolísticos). Nosotros tomaremos decisiones ya de primeras, aunque dejamos la receta abierta a otras opciones, para aquellos que gusten de arriesgar en sus vidas.

Con cebolla, sin cuajar, con tomate y en pan o panecillo crujiente: esas son las decisiones que acabamos de tomar y con las que apechugaremos, pase lo que pase.

Según indican los sabios, la tortilla de patatas es un invento nacional que se originó en Villanueva de la Serena, Badajoz (Extremadura). Según otros sabios, el inventor fue un general del ejército carlista llamado Tomás de Zumalacárregui, que «por pura necesidad» dio con este modo rápido, jugoso y rico en todos los ámbitos, con el que alimentar a las tropas. Puede que —los sabios— se equivoquen, pero la historia suena bastante bien.

La tortilla más popular de España, al menos por lo que a conversación gastronómica respecta, es la tortilla de Betanzos, en Galicia. Empezó a hacerla un bar del lugar llamado La Casilla y pronto medio pueblo estaba dándole a la sartén. Eso sí, la nuestra no va a ser rigurosamente de Betanzos, porque le vamos a poner cebolla y allí no gastan de eso. También le vamos a untar tomate al pan, que es algo muy extendido en Cataluña, pero menos habitual en otras partes de la península.

El pan es clave: necesitamos que sea fresco. Nada de pan-goma, ni moldes, ni payeses. Una buena barra, con mucha corteza, pero buena miga, capaz de absorber algo tan contundente como una tortilla. Si es una barra finita, mucho mejor.

Dejamos a gusto del lector el punto de cocción, a nosotros nos gusta que desparrame. Con perdón. Así debería ser siempre la tortilla... Aunque, repetimos, lo dejamos a gusto del lector. Faltaría más.

RECETA

6 huevos
3 cebollas
3 patatas
1 tomate de untar
Aceite de oliva virgen extra
Sal
Pimienta
*Los ingredientes pueden variar dependiendo
   del número de comensales

Cortar la cebolla (mejor fina). En una sartén, pocharla en una cantidad generosa de aceite. Sacarla de la sartén cuando empiece a mostrar un color dorado.

Pelar las patatas y cortarlas al gusto; aquí no hay un estándar, aunque hay que notarlas. Evitar trozos demasiados pequeños. Que sea gustoso morder y sentirlas. Añadir la cebolla a las patatas en la misma sartén. A fuego lento, hasta que pierdan la dureza inicial y se pongan blanditas.

Batir los huevos con brío, hasta que hagan esa espuma típica de la buena tortilla francesa. Con brío. Con mucho brío. Escurrir la patata y la cebolla e incorporarlas a los huevos. Sal y pimienta al gusto, pero con cuidado. Sin pasarse. Remover con cuidado, que todo mezcle bien.

Verter todo en la sartén y esperar a que cuajen los huevos (ojo, aquí es donde nosotros jugamos a que la tortilla quede poco cuajada, con el huevo visiblemente jugoso). Hay que ser muy cuidadoso con los tiempos y con el fuego. Recuerda: ensayo-error. Darle la vuelta solo una vez cuando ya esté lista. Sacarla del fuego, dejarla reposar.

Se puede tostar el pan y hasta rascar un diente de ajo en la superficie, pero si el pan es fresco y crujiente, no es necesario ningún esfuerzo adicional. Solo coger un buen tomate (mejor de rama, con más jugo y pepita) y untarlo bien untado. Se puede añadir un chorrito de aceite de oliva, pero no es imprescindible. Igual que la sal: la tortilla ya lleva de todo.

VEGETAL

En Cataluña se produce un fenómeno paranormal que a día de hoy no ha conseguido explicar ni el tipo del tupé de *Alienígenas ancestrales*. Es el bocadillo vegetal, una aberración que consiste en echarle a media baguette un cubo de lechuga iceberg picada, rodajas de tomate insípido, lonchas de queso excrementicio, huevo en barra, medio litro de mayonesa y, lo más chocante, atún, pollo, pavo o jamón de York, lo que convierte su nombre en una patraña de proporciones gigantescas.

Por todos es sabido que el bocadillo y el vegetarianismo no son buenos amigos. La proteína animal y el bocata van de la mano. Por eso el cerdo y el pan se aman; son miga y carne. Pero nosotros también tenemos un corazón enorme, tanto que hasta damos espacio para la inmensa minoría *veggie*. Por eso hemos fabricado un bocadillo vegetal de verdad, es decir, con vegetales en su interior y nada más. Sin pollo. Sin atún. Sin trampa. Es nuestra respuesta a la farsa del bocadillo vegetal de jamón, una receta que ruge como un Fórmula 1 bajo en calorías.

En este bocadillo, la alcachofa y el pimiento se convierten en compañeros de viaje, se retroalimentan y hasta practican varias posturas del *Kamasutra*. Con ambos elementos trabajados en la plancha, lustrados por el calor, solo nos faltará una salsa apetitosa y con personalidad como el romesco, el néctar de Tarragona. Una salsa perfecta para acompañar todo tipo de verduras y que podemos comprar preparada en el supermercado si no queremos pasarnos toda la mañana en la cocina. Una salsa, además, en la que predomina el tomate y los frutos secos, y por tanto fiel al apelativo de vegetal. Aquí no engañamos.

RECETA

½ barra de pan de semillas
3 o 4 corazones de
    alcachofa
1 pimiento rojo
1 bote pequeño de salsa
    romesco (o puedes
    hacerla tú mismo)
Aceite de oliva virgen extra
Sal
Pimienta

Para la salsa romesco:

550 g de tomates de colgar
100 g de ajo
30 g de perejil
100 g de almendras
100 g de avellanas
140 g de pan tostado
50 g de carne de ñora
190 ml de aceite de oliva
    virgen extra
100 ml de agua
20 ml de vinagre de jerez
Sal
Pimienta

Pelar las alcachofas y cortar los corazones por la mitad. Pasarlos por la plancha o la sartén con aceite. Cortar el pimiento en tiras y pasarlas también por la plancha o sartén hasta que tenga una textura dorada y apetitosa. Salpimentar al gusto las verduras. Pasar el pan por la plancha o sartén para que adquiera un tono crujiente. Untar la salsa romesco con generosidad en la base del bocadillo y colocar luego las tiras de pimiento. Extender los corazones de alcachofa encima del pimiento y cerrar el bocadillo.

Para la salsa:
Asar los tomates enteros y las cabezas de ajo en el horno a 200 °C durante 45 minutos. Cuando estén listos, pelar los tomates y sacar la carne de los ajos. A continuación, freír el perejil, y tostar el pan, las avellanas y las almendras. Triturar todos los ingredientes en un procesador. Poner a punto de sal y vinagre, al gusto.

BLT

Cerdo, lechuga y tomate. Granja y huerta. Suena bien, suena español, pero resulta que la idea de juntar ambos mundos en un sándwich es anglosajona. Bienvenidos al maravilloso mundo del BLT (*bacon, lettuce & tomato*), un bocadillo foráneo tan universal que ya está totalmente integrado en el imaginario nacional.

Bocadillo de hotel por antonomasia, el BLT es el sándwich más popular de Estados Unidos y uno de los más queridos en el Reino Unido. No se conoce a ciencia cierta su origen, pero ya hay constancia escrita en libros de recetas anglosajones de principios del siglo xx. Un bocadillo que, por cierto, se popularizó enormemente después de la Segunda Guerra Mundial, ya que sus ingredientes podían conseguirse fácilmente en el supermercado y era muy sencillo de preparar en casa.

Puede parecer simple, pero un BLT exige mucha disciplina con la plancha y la verdulería. El bacon tiene que estar caliente, recién hecho, crujiente como el cristal de bohemia. La lechuga tiene que ser fresca, apetitosa, una actriz principal, no una mera secundaria, así que menos iceberg y más hoja de roble. El tomate tiene que ser jugoso y hay que cortarlo en rodajas de grosor medio (el rosa de Barbastro es perfecto). Se acepta queso como animal de compañía, pero debería evitarse en su versión más purista. Para muchos la presencia de la mayonesa es obligatoria, pero en nuestra versión se ha impuesto la mostaza de Dijon. Y hemos cambiado el pan de molde blanco por uno integral con semillas. BLT: nunca unas siglas habían hecho salivar a tantos seres humanos.

RECETA

Pan de molde integral con semillas
4 o 5 lonchas de bacon
1 tomate rosa de Barbastro
2 o 3 hojas de lechuga hoja de roble
Mostaza de Dijon
Aceite de oliva virgen extra
Sal

Tostar el pan. Mientras se tuesta, freír el bacon en una sartén con aceite. Que quede crujiente y bien hecho por fuera. Secar el bacon con papel absorbente y reservarlo. Cuando se haya tostado el pan, untar la cara interior de las dos rebanadas con abundante mostaza. Repartir las rodajas de tomate en la base, añadir la lechuga y coronar con las lonchas de bacon recién hecho.

QUESO DE TETILLA Y DULCE DE MEMBRILLO

Basta ya de tanta tontería. El estallido del bocadillo gourmet ha sido una de las grandes noticias de los últimos años, pero en esta coyuntura de creatividad al límite, también hay que soportar inventos, guiños y ocurrencias que harían vomitar a un wookiee.

A veces, entre tanto papanatismo disfrazado de modernidad, uno necesita recomponerse y volver a la esencia del bocadillo, a la desnudez primigenia del formato, a lo de juntar dos ingredientes, meterlos entre panes y sanseacabó. En Galicia, dónde si no, tienen el bálsamo para calmar la alergia a la gastrotontería y devolver la ilusión a los cruzados del bocata retro.

Unos necesitan un cohete para tocar el cielo; en España nos bastan un pedazo de membrillo, un poco de queso de tetilla gallego y una barra de pan. Menos es más. El bocata de membrillo y queso de tetilla es un haiku: corto, simple, pero se queda siempre contigo. Poco se habla del magnífico matrimonio que forman ambos ingredientes: el membrillo y el queso se entienden, se complementan y explotan en tu paladar con una combustión de sensaciones: el membrillo pone su dulzor al servicio de la suavidad y la elegancia del queso gallego.

Y el choque funciona.

Este bocadillo, además, viene con un plus emocional que los abonados a la nostalgia agradecerán sobremanera, pues se trata de un objeto de poder que evoca meriendas en tiempos pretéritos, en otra España muy distinta a la actual. Será simple, será minimalista, pero pocos bocadillos se han ganado tanto como este el adjetivo «gourmet».

RECETA

1 panecillo pequeño
50 g de membrillo
80 g de queso de tetilla gallego
Aceite de oliva virgen extra y sal (opcionales)

Disponer el queso en la base del bocadillo y pasarlo todo por la sartén para que el queso de tetilla se derrita.
Si es posible, darle un golpe de calor en la sandwichera o plancha para que el queso se gratine un poco. Cortar el membrillo en rectángulos y extenderlo por encima del queso. Aceite y sal opcionales; a nosotros nos gusta a pelo.

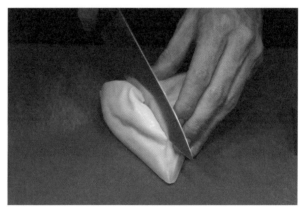

BOCATAS
NUEVOS CLÁSICOS
ARTE ENTRE DOS PANES

SÁNDWICH DE ENSALADILLA RUSA

Dicen que los españoles somos capaces de meter cualquier cosa en un bocadillo y comérnosla. El bocadillo nos permite engullir o transportar casi cualquier plato de la forma más cómoda posible en las situaciones más incómodas: de pie, caminando, en el metro, en la mesa de trabajo…

En España la ensaladilla rusa es más grande que Jesucristo, como los Beatles, y aunque pueda sonar a delirio o guarrindongada, en formato sándwich adquiere una dimensión tan interesante como práctica. Para aprovechar esa ensaladilla rusa que sobró de ayer y comerla sin cubiertos ni platos en la oficina, lo mejor que se puede hacer es entregarla al abrazo de un sándwich. Utilizar el pan de molde para contener el magma de verdura cocida y mayonesa es una idea loca que funciona y que en algunos lugares se ha convertido incluso en bocado gourmet.

El bar Torpedo de Barcelona, uno de los templos bocadilleros de este país, ha patentado un sándwich de ensaladilla rusa que primero levanta suspicacias y después cosecha gemidos. Este bocadillo de aprovechamiento es un sueño si se elige un pan de molde mullido, tierno y sin corteza. Y si a la cara exterior del bocadillo se le aplica una capa de mayonesa y yema de huevo duro rallada, como hacen en el

Torpedo, el bocado resulta sumamente placentero. También en Madrid podemos encontrar rectángulos de pan de molde con ensaladilla. La pastelería La Mallorquina, por ejemplo, factura unos ejemplares estrechos y deliciosos, aunque se atribuye la creación de este sándwich a la célebre cadena de restaurantes Rodilla ni más ni menos que en los años cincuenta. Aseguran que es su ejemplar más vendido.

Por cierto, no es pan de molde todo lo que reluce. En otras regiones de España prefieren comerse el bocadillo de ensaladilla con la ayuda de un panecillo o bollo, un estilo que practican con un arte que no se puede aguantar en el bar Aliatar de Granada.

RECETA

2 rebanadas de pan de
   molde inglés sin
   corteza
Ensaladilla comprada
   (opcional)

Para la ensaladilla:

1 huevo
2 zanahorias
1 patata
2 judías verdes redondas
50 g de guisantes
1 o 2 latas de atún en aceite
Aceitunas verdes sin
   hueso
1 piparra o guindilla
Mayonesa (o puedes
   hacerla tú mismo)
Sal

Para la mayonesa:

100 g de huevos enteros
1 filete de anchoa
5 g de mostaza de Dijon
620 ml de aceite de
   girasol
12 ml de aceite de atún
5 ml del aceite de las
   anchoas
30 ml de agua de piparras
Sal

Se puede hacer la ensaladilla (y la mayonesa) de cero, pero si sobra prisa o faltan ganas, es posible comprarla congelada, cocerla, enfriarla y añadirle la salsa de bote. No se acabará el mundo. Si hay tiempo y motivación, tocará cocer un huevo, dos zanahorias, una patata, un par de judías verdes y unos guisantes para la base de la ensaladilla. Trocear las verduras, patata y huevo (reservar un poco para rallar) añadir una o dos latas de atún, aceitunas verdes sin hueso y rematar con una buena dosis de mayonesa. Untar la base del sándwich con una ligera capa de mayonesa, repartir la ensaladilla sin abusar de la cantidad en la base, cerrar el sándwich, cortarlo por la mitad, añadirle mayonesa en su cara superior y rociar el exterior del bocadillo con una ducha de huevo duro rallado. Se puede coronar la pieza con una piparra o guindilla.

Para la mayonesa:
En un procesador o licuadora, triturar el huevo junto con la anchoa, la mostaza y la sal a potencia máxima, sin dejar que se caliente. Una vez triturado, bajar a velocidad media y agregar el aceite de girasol junto con el del atún y las anchoas en forma de hilo. Por último, agregar el agua de piparra. Si es necesario, salar al gusto.

MEJILLONES CON CHIPS

El bocadillo es un recurso infalible para disfrutar de un desayuno completo o de una comida, sin necesidad de utilizar platos ni cubiertos. Pero ¿qué pasa con algo tan nuestro como el aperitivo? ¿Es también compatible con el bocata? La respuesta no está sujeta a discusión: es un sí como una catedral. Los encurtidos, conservas y aceitunas adoran introducirse entre panes, especialmente el binomio hollywoodiense formado por la anchoa y el boquerón. Pero la imaginación de nuestros maestros bocadilleros no tiene fronteras, y algunos hasta se atreven con otros elementos del aperitivo que, a priori, no parecen diseñados por la madre naturaleza para acabar en un sándwich.

De modo que sí. Un bocadillo de mejillones es posible. Y por muy limitado que parezca el abanico de posibilidades, el invento se puede presentar de muchas formas distintas. Puedes comértelo sin adornos, es decir, con una lata de mejillones en escabeche (preferiblemente de las rías; gallegas) y pan de barra facilón, que no oponga mucha resistencia; no queremos que se nos despeñen los bivalvos al apretar. Puedes combinar los mejillones con piparras o guindillas en conserva, con bonito en aceite, ¡con queso! Puedes añadirles alguna salsa picante o mayonesa tuneada casera. Los más atrevidos aseguran que la manzana ácida les sienta maravillosamente…

Nosotros nos hemos inspirado en la versión de la extinta bocatería madrileña El Porrón Canalla, un templo de los entrepanes que nos dejó como legado una genialidad, un bocadillo de mejillones en escabeche y patatas chip antológico. El aperitivo más castizo concentrado en un bocado que gana muchos puntos si se salpica con algún toque personal, en nuestra propuesta un poco de zanahoria también en escabeche. Huelga decir que los mejillones en escabeche de las rías gallegas darán mucho más juego.
Y si optamos por unas patatas chip gruesas, incrementaremos la deflagración del crujido y se disparará el mercurio de la felicidad.

RECETA

½ barra de pan
1 lata de mejillones en escabeche de las rías gallegas
1 bolsa de patatas chips gruesas
1 zanahoria en escabeche
Aceite de oliva virgen extra
Sal

Para la zanahoria en escabeche:

400 ml de vino blanco
200 ml de vinagre de vino blanco
200 g de zanahoria
30 g de ajo
50 g de chalota
600 ml de aceite de oliva virgen extra (suave)
Un poco de tomillo fresco
2 hojas de laurel
1 rama de romero fresco
Sal

Tostar el pan, añadirle un chorrito de aceite y una pizca de sal. Cubrir la base del panecillo con las patatas chips. Introducir mejillones entre las patatas. Cubrir estas con mejillones. Rematar la faena añadiendo la zanahoria en escabeche cortada en rodajas.

Para la zanahoria en escabeche:
Poner a reducir el vino blanco y el vinagre hasta obtener
una tercera parte, cortar la zanahoria en rodajas y machacar
el ajo. Pochar las verduras en un cazo con el aceite de oliva
y añadir las hierbas aromáticas. Una vez pochadas,
añadimos el vino blanco y el vinagre. Salar al gusto y
macerar durante 12 horas.

MATRIMONIO

Quien tenga algo que decir que muerda ahora o calle para siempre. Hay uniones que están destinadas a perdurar, historias de amor irrompibles. Los boquerones y las anchoas son como Ben Affleck y Jennifer Lopez: su amor trasciende el espacio y el tiempo, cada vez que se tocan se incendia Roma, por eso su matrimonio es uno de los más celebrados de la gastronomía popular española. Un matrimonio bien avenido que estamos acostumbrados a disfrutar en formato gilda y que en algunas partes de España se come también entre panes, lo que lo convierte en un aperitivo y un bocadillo a la vez.

De esta unión nace uno de los bocadillos más sencillos y apoteósicos que uno pueda llevarse al gaznate. Se llama «matrimonio», por supuesto, y se aprovecha del acople celestial entre las anchoas en aceite y los boquerones en vinagre (si el aliño del boquerón lleva ajo y perejil, miel sobre hojuelas).

Una de las mecas de este bocadillo es el bar Blanco y Negro de Logroño, que lo prepara con un panecillo pequeño recién horneado y un lustroso pimiento verde frito como invitado sorpresa a la fiesta. Este es el modelo que nos gusta más y el que utilizaremos para confeccionar nuestro bocadillo. En el Brillante de Madrid prefieren ponerle pimiento rojo en conserva. Existe incluso una versión ideada por el chef malagueño Dani García que incluye mermelada de tomate.

El matrimonio es uno de los bocadillos más fáciles de preparar y más agradecidos de deglutir. Hay un baile de acidulantes, texturas, aceites, salinidad y miga ligera al que cuesta resistirse. Eso sí, hay que ser cuidadoso con el producto: cuanta más calidad tengan esas anchoas (preferiblemente cantábricas) y esos boquerones, más intensos serán los fuegos artificiales. Cuanto más breve, más se disfruta: tres bocados y se acabó.

RECETA

1 panecillo pequeño
Anchoas del Cantábrico en aceite
Boquerones en vinagre aliñados
    con ajo y perejil
1 pimiento verde
Aceite de oliva virgen extra

Abrir el panecillo por un solo lado. Cortar el pimiento en tiras y pasarlo por la sartén con aceite; cuando esté hecho, ponerlo cual alfombra en la base del panecillo. Repartir los boquerones y anchoas de forma equitativa por el panecillo: cuanto más enredados, mejor.

BIKINI ABELLÁN

El bikini es la acepción catalana de un sándwich mítico: el mixto.
Si uno visita la capital de Cataluña, lo de «mixto» no lo verá
por ninguna parte. Vamos, que si quiere hincarle el diente a un
bocadillo tostado de pan de molde con jamón de York y queso en
la Ciudad Condal (y por allende en Cataluña), tendrá que pedir
un bikini.

Como sucede con el mixto, este sándwich ha sufrido en los últimos
años un buen montón de mutaciones: algunas inservibles, otras
marcianas; algunas interesantes y otras, simplemente, transitables.
De todas ellas, la más sobresaliente, copiada y monumental en su
simplicidad, es la de Carles Abellán.

Abellán, un conocido rostro por haber trabajado en El Bulli
(el templo de Ferran Adrià) y que luego hizo fortuna en Comerç 24
(restaurante pionero en explorar la alta gastronomía en Barcelona),
es también inventor del bikini que nos ocupa: un bocadillo más
llevable (por tamaño y volumen), en pan de molde sin corteza,
que sustituye el queso tradicional por la mozzarella, el jamón de
York por el ibérico, y que además añade un elemento imprevisto:
la trufa.

El resultado es un sándwich ligero, exquisito, voluptuoso y apabullante. Crujiente al diente, sabrosísimo en su interior, beneficiado por la maravillosa combinación entre la sutileza y suavidad del queso italiano más exportado, la fortaleza del ibérico y la puntilla de una trufa que se las ingenia para agudizar el conjunto sin esfuerzo aparente.

Un bocadillo tan sencillo y genial que ahora aparece (muchas veces sin crédito) en la carta de docenas de restaurantes que lo ejecutan con mayor o menor fortuna.

¿El secreto?

RECETA

4 rebanadas de pan de molde
1 ración de mozzarella de búfala
100 g de paletilla de jamón ibérico
    cortado en láminas muy finas
2 ml de aceite de trufa negra
    (o trufa de verdad, si uno tiene
    la posibilidad y las finanzas)

Untar la rebanada con mozzarella, añadir el jamón y un toque de trufa, y meter en la tostadora o en la sandwichera. Tostar al gusto.

PARISIÉN

Complicarse la vida puede ser una actitud contraproducente cuando nos enfrentamos a la creación de un bocadillo. El bocadillo tiende a la economía de ingredientes y movimientos: las florituras no suelen ser bienvenidas en su mundo de líneas y ángulos rectos. Pero que el bocadillo exija sencillez no implica que le importe un rábano el sabor, al contrario: las piezas minimalistas exigen sabores gigantescos, de ahí que la selección de los escasos elementos sea crucial.

En santuarios del bocadillo como el bar Aliatar de Granada, por ejemplo, uno puede toparse con obras de ingeniería bocadillera de una simplicidad tan o más intensa que su explosión de sabor. El ejemplar en cuestión se llama «parisién» y nos hemos inspirado en él por la contundencia de sus protagonistas principales y lo bien que funcionan ambos en la pista. Jamón ibérico y queso roquefort. ¿Para qué darle más vueltas?

Cuando combinas dos sabores tan potentes que te entumecen la lengua, tan solo tienes que preocuparte de conseguir una chapata de calidad, alargada, apetitosa. El queso roquefort y el jamón serrano parecen haber nacido para caminar juntos. Si el dúo sabe a poco o hay remordimientos de conciencia, también se pueden añadir unas nueces: dicen que son buenas para el corazón. Y como nos gusta la fruta, también hemos añadido finas rodajas de manzana ácida, la chispa que encenderá el fuego de un bocadillo más flamígero que una supernova.

RECETA

½ barra de pan de chapata
50 g de jamón serrano
50 g de queso roquefort
1 manzana ácida
50 g de nueces

Untar generosamente la base del bocadillo con el queso roquefort. Cortar la manzana en rodajas muy finas y repartirlas a lo largo de la base, sobre el roquefort. Extender el jamón encima de las rodajas de manzana. Picar unas nueces peladas y espolvorearlas sobre el jamón para terminar.

POPEYE

Ocurre que en la mayoría de los bocadillos con nombres extravagantes se van acumulando relatos. La historia se cierne sobre ellos, se les aplica el barniz de las leyendas y se cuentan muchas teorías sobre el origen de sus apodos. La única verdad es que nadie sabe a ciencia cierta qué chalados tuvieron a bien bautizarlos… Y nadie lo sabrá. Se podría pensar que el Popeye pertenece a esta categoría esotérica, pero nada más lejos de la realidad: es realmente fácil entender el porqué de su curioso nombre.

¿Por qué se llama como el marinero más famoso de la cultura pop después del capitán Ahab? El enigma se resolverá pronto, calma. Pero lo primero es situar este bocadillo único, un ejemplar nacido en el histórico café Dole de Barcelona. La gente acude a este antro vintage solo para darle un meneo a su bocata estrella, una pieza con pan de barra, jamón ibérico, queso emmental y, aaah, espinacas. Misterio resuelto. El alimento favorito de Popeye convertido en seña de identidad de un bocadillo que en su formato original, al estilo Dole, debería salir caliente, es decir, debería plancharse por ambas caras, formando un todo crujiente, grasiento y sabrosísimo.

El Popeye es un bocadillo para desayunos fuertes. Ayuda a incontables oficinistas a superar jornadas laborales estajanovistas y es, por derecho propio, uno de los bocadillos más barceloneses que existen. Lo curioso es que, a pesar de su condición de tentempié de culto, ningún otro establecimiento de la ciudad ha conseguido emular el invento del café Dole, de modo que cuando cierre este bar histórico es muy posible que el Popeye se pierda como una brizna de espinaca en la lluvia.

RECETA

½ barra de pan de semillas
50 g de espinacas
50 g de jamón ibérico
Queso emmental
Aceite de oliva virgen extra
Sal

Añadir un chorrito de aceite y una pizca de sal a las dos rebanadas de pan. Limpiar las hojas de espinaca y cocinarlas en una sartén con aceite de oliva virgen. Si le podemos añadir panceta, la vida nos parecerá mucho más bonita. Repartir las espinacas cocinadas por la base del bocadillo. Poner el queso encima y calentar el bocadillo en la plancha hasta que el queso se funda sobre el verde. Sacar el bocadillo del calor, poner el jamón encima del queso fundido y cerrar.

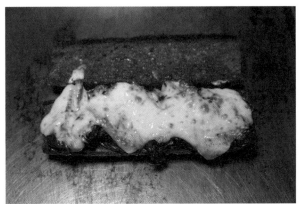

ALMUSSAFES

Los bocadillos valencianos no son ninguna broma. A media mañana, en los bares se avistan trolebuses de media barra para arriba, entrepanes colosales hinchados hasta reventar de todo tipo de carnes, embutidos, encurtidos y lo que Dios disponga. Las pulgas y los minis no tienen lugar en una tierra que hace del exceso un arte. En Valencia se comen bocadillos en mayúsculas, de los que dejan huella.

El Almussafes es uno de sus campeones, un bocata tan célebre que se ha adherido como una lapa al espíritu de los valencianos. El nombre no es gratuito, pues nos remite a la localidad en la que se dice que nació. Hay voces que aseguran que este bocadillo improvisado volvía locos a los ingenieros de la fábrica que Ford construyó en Almussafes… Quién sabe.

La única certeza es su evidente conexión con el método balear, pues combina sobrasada y queso fundido, pero aporta una novedad que, aunque parezca baladí, le da una dimensión totalmente distinta: cebolla pochadita, un *punch* de melosidad y dulzor maravillosos. En algunos bares no aptos para veganos le añaden a la bomba una loncha de bacon o jamón. Huelga decir que el bocadillo debe engullirse caliente, recién salido de la plancha, con el queso bien fundido y los jugos todavía humeantes. Un pan de barra crujiente, que soporte el calor y grosor de los ingredientes, bastará para rubricar una receta que ya es universal. Hay bocadillos famosos y luego está el Almussafes.

RECETA

½ barra de pan o 1 panecillo largo
80 g de sobrasada
1 cebolla
3 lonchas de queso (semicurado, gouda o emmental)
Aceite de oliva virgen extra
Sal

Pasar la sobrasada vuelta y vuelta en una sartén con aceite. Poner el queso sobre la sobrasada en la misma sartén, para que se funda con el calor. Pochar la cebolla cortada en juliana en la misma sartén. Extender la cebolla pochada en la base del bocadillo y cubrirla con las rodajas de sobrasada caliente y el queso ya fundido encima.

HABAS CON TACOS DE JAMÓN

El bocadillo repele la tontería, por eso a veces se muestra en una desnudez casi perturbadora. De todos modos, el bocadillo a veces se puede complicar y convertirse en un plato de cuchara con todas las de la ley. El ejemplar que nos ocupa pertenece a la estirpe de bocadillos que son comidas o cenas y exigen ciertas habilidades con la sartén. Bocadillos trabajosos pero placenteros y prácticos, pues te permiten saborear platos sustanciosos mientras esperas en la parada del bus o te tomas un respiro en el parque. Es como llevar el puchero encima.

Un ejemplo diáfano y calórico es el bocadillo de habas con tacos de jamón. Y esta es la versión más sencilla, porque en los santuarios del *esmorzaret* de la Comunidad Valenciana añaden unas buenas longanizas al misil, para que cause todas las bajas posibles. En nuestra versión lo hemos apostado todo al jamón, para simplificar ingredientes, y hemos añadido el toque dulzón de la cebolla pochada. En lugar de utilizar habas en conserva o congeladas (perfectamente válidas), las hemos comprado frescas para darle un toque gourmet.

Todas las versiones son efectivas, aunque la valenciana, conste en acta, es como siempre la más contundente y pornográfica. El resto no tiene secreto, el embutido y las habas tienen que ser de la máxima calidad, y el pan debe aguantar el chaparrón. Uno integral con semillas es más que suficiente. Queremos que los tacos de jamón ibérico empapen la legumbre con su magia. Habrá que pasar por la sartén algunos ingredientes; es un bocata caliente, así que su elaboración llevará algo más de tiempo, pero si Roma no se construyó en un día, un bocadillo de habas con jamón no se hará en dos minutos, ¿estamos locos o qué?

RECETA

½ barra de pan integral
1 bote pequeño de habas tiernas en conserva o 200 g de
    habas tiernas frescas (también pueden ser congeladas)
1 cebolla
80 g de jamón ibérico
Aceite de oliva virgen extra
Sal

Es importante que las habas siempre sean frescas, así se obtiene un mejor sabor. Pelar las habas y escaldar durante 25 segundos en agua hirviendo con abundante sal. Pasado ese tiempo, enfriar las habas en agua con hielo para cortar la cocción. A continuación, cortar la cebolla en juliana y pocharla en la sartén con el aceite y el jamón. Una vez listo, agregar las habas con un poco del agua del escaldado (o un caldo cualquiera, o incluso agua) y remover hasta obtener una salsa ligera. Introducir las habas, el jamón y la cebolla bien entremezclados en el bocadillo.

BOCATAS
BONUS
TRACK
ARTE ENTRE
DOS PANES

BOCATA DE MARIANO

A lo largo y ancho de este libro repasamos toda la geografía del país. Seguro que nos dejamos a alguien, seguro que algunos tienen menos de lo que merecerían y otros más de lo que se han ganado, pero hemos intentado ser ecuánimes en lo gastronómico.

Todos los bocatas que aquí aparecen se han cocinado (algunos más de una vez) y los autores le han hincado el diente a gran parte del producto, no solo porque son unos tragaldabas, que también, sino para asegurarse de que la ejecución era perfecta.

Culminado el objetivo de dar la vuelta a España entre panes, se decidió unánimemente dejarle vía libre al chef para que nos regalara su propio bocadillo.

Mariano Segura (nuestro chef) ha querido usar ingredientes poco transitados por el libro, pero que han empezado a adquirir relevancia en el último lustro. Y como máximo exponente de lo dicho, se ha sacado de la manga un bocadillo de pastrami con pepino encurtido, cilantro y un toque de mostaza. El colofón de tamaña hazaña es el continente usado: un exquisito pan de *croissant* cortado en rebanadas, que le da el último toque a una receta *made in* Mariano.

El pan de molde que hemos utilizado es de Triticum, uno de los grandes estandartes nacionales en excelencia cuando se trata de pan, pero cualquier pan de *croissant* valdrá, e incluso el propio *croissant*. No vamos a ponernos rígidos a estas alturas de la película.

El pastrami también ha dado un salto de calidad en los últimos años y ya no hace falta irse a Nueva York y pasarse por Katz para dar con uno de calidad. Los que no estén muy familiarizados con este producto, solo contarles que es carne roja (normalmente la falda de la ternera) sometida a un proceso de salmuera y ahumado. Cuanto más cuidado se pone en el proceso, mejor es el resultado. Como casi siempre.

Para acabarlo, le daremos el toque de frescura a base de cilantro y un poco de mostaza untada en el propio pan, al gusto.

Un bocadillo digno de nuestros tiempos.

RECETA

2 rebanadas de pan de *croissant*
Unas lonchas de pastrami
Una ración de pepino encurtido
Un poco de cilantro fresco
1 cucharada de mostaza

Tostar el pan. Untar mostaza al gusto.
Añadir el pastrami y los pepinos encurtidos,
y finiquitar con el cilantro.

BRIOCHE DE TOMÁS ABELLÁN

Se ha dejado para el final el bocadillo más especial o, al menos, el más singular.

Seguramente, los ortodoxos del bocata arquearán la ceja y torcerán el gesto, porque los bocadillos dulces no son del gusto de todas las parroquias, pero no se podía acabar un libro sobre «entre panes» sin un guiño al postre.

Para finalizar, un brioche caliente de helado de avellana: ni más ni menos. No pasa nada si se saliva en exceso con este *finale*.

Lo primero que habría que tener en casa es un buen helado. Aquí se ha usado uno de avellana casero, aprovechando las posibilidades de tener un chef al timón del barco, pero se acepta cualquier buen helado de cualquier sabor que guste. Por favor, nada de experimentos. Nada de helados de chorizo o fabada. Para este bocadillo se necesita un helado tradicional, de los de toda la vida.

La idea es contar con un buen brioche, algo que no es difícil cuando se trata de un país que vive actualmente un aluvión de aperturas de panaderías de primera clase. Seguro que lo de encontrar un brioche como Dios manda no es tan complicado.

Se trata de una receta sencilla: un buen helado artesano (en la medida de lo posible), un gran brioche, una plancha para darle un toque de calor y una generosa ración de azúcar.

Es un bocadillo especial, ideal para finiquitar un banquete de los que no se olvidan. Un bocadillo de sangre azul para acabar el arte entre panes con el colmillo afilado.

Buen provecho.

RECETA

1 brioche
¼ de litro de helado de avellana
2 cucharadas de azúcar glasé

Introducir el helado en el brioche, y extender bien con la ayuda de una cuchara o una espátula.
Poner en la sandwichera o plancha y darle un toque de calor. Por último, espolvorear una buena dosis de azúcar antes de servirlo.

EPÍLOGO

A priori, un libro sobre bocadillos puede no parecer un gran reto para un cocinero. Acostumbrados como estamos a buscar cada día la virguería gastronómica, eso de colocar algo entre dos trozos de pan tampoco debería entrañar un alto grado de dificultad, me repetía en voz alta a mí mismo antes de meterme en este proyecto.

Como sucede más a menudo de lo que uno esperaría, la cosa fue bastante distinta. Para empezar, la investigación de todos los bocadillos fue un poco más extensa de lo que sospechaba, ya que conforme iba acabando con los más clásicos, como el de jamón o el de tortilla, el asunto empezó a virar a territorios más agitados. El primer problema fue que el bocadillo en cuestión es, en muchos casos, el plato más emblemático o característico de la región, así que traté de sumergirme en los procesos de aprendizaje locales: cómo lo hacen en la ciudad, desde sus ingredientes hasta la forma de comerlo; si se acostumbra a ingerir por la mañana, tarde o noche, y el porqué de cada caso/cosa. Todo para poder llegar a un producto (el maldito bocadillo) lo más idéntico posible al original, o incluso exacto a él.

Una vez recopilada toda la información de cada uno de los bocatas y regiones, pasé al desglose de los ingredientes.

Y ahí ardió Roma.

Con el pan, que al final es —casi— lo más importante, me obsesioné con tratar de ser lo más fiel posible a la receta original: en este libro hemos utilizado una variedad de 18 panes diferentes, huyendo del bocata de baguette, que me hubiera ahorrado infinidad de dolores de cabeza. Luego, decidí meterme en otro embolado: las proteínas. En el conjunto de las 50 recetas, hemos utilizado casi todas las proteínas animales, además de pescado, marisco, quesos, embutidos y hasta un helado de avellana.

La infernal tarea de emprender estos retos, recorriendo diferentes mercados en Barcelona, daría para otro libro, ya que había ingredientes que eran literalmente imposibles de encontrar en la Ciudad Condal. Así que encargamos multitud de cosas fuera para poder ejecutar los bocadillos de una forma ortodoxa, y porque no quería levantarme una noche y que al otro lado de la puerta me esperaran con antorchas y hachas una turba de sevillanos, canarios, vascos y valencianos, muy disgustados porque la habíamos cagado haciendo mal su bocadillo emblemático.

Ahora bien, una vez superada esa fase de preparación, similar a la que un atleta realiza antes de una competición exigente (o así me lo imagino), llegó la ejecución. Xavi Torres-Bacchetta y yo nos las prometíamos muy felices: planeamos acabarlo todo en un par de jornadas maratonianas. Salió mal.

Entre mi obsesión con los bocadillos y la suya con las fotos, y nuestros respectivos perfeccionismos, la cosa se alargó y alargó y alargó. A pesar de todo, luchamos como titanes, y me consuela pensar que he estado a la altura y que los bocadillos que presentamos en este libro son fieles en estilo, esencia y *look* a aquellos a los que hacemos referencia.

Eso sí, nunca habría soñado que entraría en 2022 siendo un auténtico experto en bocadillos. Ni que participaría en un libro como este. Ni que me habría comido la mayoría de esos deliciosos entrepanes, porque, ya que los había hecho, pues qué demonios.

No está mal, ¿no?

Mariano Segura

«Para viajar lejos no hay mejor nave que un libro».

EMILY DICKINSON

Gracias por tu lectura de este libro.

En **penguinlibros.club** encontrarás las mejores
recomendaciones de lectura.

Únete a nuestra comunidad y viaja con nosotros.

penguinlibros.club

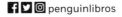 penguinlibros